Samrudhi Rajendra Kaware
Vinod Subhashrao Wadne

Podejście porównawcze do algorytmów uczenia się maszynowego

Samrudhi Rajendra Kaware
Vinod Subhashrao Wadne

Podejście porównawcze do algorytmów uczenia się maszynowego

ScienciaScripts

Imprint

Any brand names and product names mentioned in this book are subject to trademark, brand or patent protection and are trademarks or registered trademarks of their respective holders. The use of brand names, product names, common names, trade names, product descriptions etc. even without a particular marking in this work is in no way to be construed to mean that such names may be regarded as unrestricted in respect of trademark and brand protection legislation and could thus be used by anyone.

Cover image: www.ingimage.com

This book is a translation from the original published under ISBN 978-620-2-79982-9.

Publisher:
Sciencia Scripts
is a trademark of
Dodo Books Indian Ocean Ltd. and OmniScriptum S.R.L publishing group

120 High Road, East Finchley, London, N2 9ED, United Kingdom
Str. Armeneasca 28/1, office 1, Chisinau MD-2012, Republic of Moldova, Europe
Managing Directors: Ieva Konstantinova, Victoria Ursu
info@omniscriptum.com

Printed at: see last page
ISBN: 978-620-2-82356-2

Dedykacja

Chciałbym poświęcić tę pracę Cukrzycy, Pacjentom z chorobą nowotworową i osobom, które przeżyły raka, napisałem zdanie po spędzeniu czasu z osobami, które przeżyły raka.

Wierz w Boga, Bądź bezgraniczny, Odkryj na nowo swoje przeznaczenie, W każdym nowym początku jest cud.

Szczególne podziękowania dla wszystkich kobiet w moim życiu, które uczyniły mnie wystarczająco silną, aby przejść przez wszystkie okoliczności i jak znaleźć siłę do pokonania wszystkich przeszkód w życiu.

Samrudhi R. Kaware

Podziękowanie

Mam ogromną przyjemność napisać tę książkę "Comparative Approach for Machine Learning Algorithms", aby podzielić się moją wiedzą ze wszystkimi młodymi aspirantami i badaczami w dziedzinie Machine Learning. Pragnę wyrazić prawdziwe poczucie wdzięczności wobec mojego przewodnika, Dr. V. S. Wadne'a, który przyczynił się do jego cennego przewodnictwa. Moje szczere podziękowania dla JSPM ICOER, Pune za możliwość pracy nad projektem zatytułowanym "Poprawa skuteczności wykrywania raka i cukrzycy przy użyciu nowej techniki uczenia się przez maszyny". Specjalne podziękowania dla Rodziny, Przyjaciół i Krewnych, którzy bezinteresownie zainspirowali mnie do odkrywania nowych kierunków w moim życiu, aby szukać mojego przeznaczenia. Bez nich ta podróż nie byłaby możliwa, aby osiągnąć kamień milowy.

Samrudhi Jayashri
Rajendra Kaware

Spis treści

Rozdział 1: Wprowadzenie

1.1. Dane ustrukturyzowane

Dane ustrukturyzowane to format systematyczny, który dostarcza informacji o stronach i kategoryzuje ich zawartość. Dane strukturalne to ogólny termin odnoszący się do wszelkich dobrze zorganizowanych danych, które spełniają wymogi określonego formatu. Formalnie, Relacyjne bazy danych, SQL, rekord tabelaryczny to dane strukturalne.

Cechy charakterystyczne: predefiniowane znaczenie kodu i format danych od momentu powstania do zakończenia procesów biznesowych, pochodzących z transakcji, przypisane do pola danych, łatwe do wyliczenia.

Dane ustrukturyzowane są w większości liczbowe.

Interakcja z użytkownikiem: wprowadzanie danych w uprzednio zdefiniowanych formatach.

Przykład: zamówienie zakupu książki z bookid, supplierid, ilości, rateofbook.

Baza danych: RDBMS, MySQL.

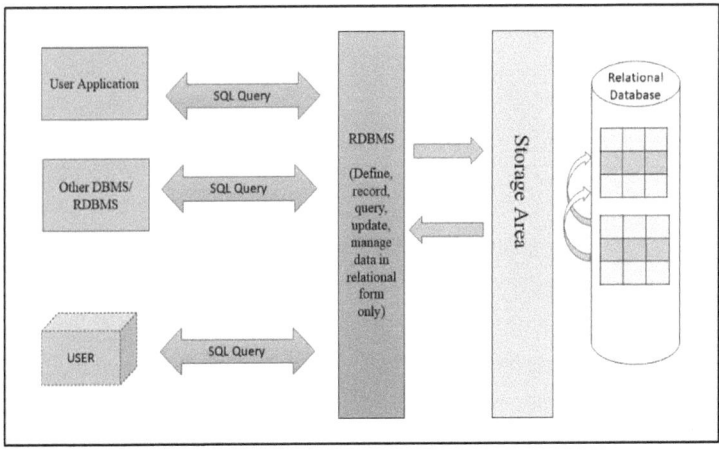

rys. 1.1 usługi zarządzania danymi strukturalnymi

1.2. Dane częściowo ustrukturyzowane

Dane półstrukturalne to forma danych ustrukturyzowanych, która nie jest zgodna ze strukturą tabelaryczną modeli danych związanych z relacyjnymi bazami danych lub innymi formami tabel danych, ale mimo to zawiera znaczniki (tagi HTML, XML inne znaczniki skryptowe) lub inne znaczniki dyskretnych elementów semantycznych i wymusza hierarchię rekordów i pól w danych.

Charakterystyka: Niestrukturalne dane tekstowe wzbogacone o metadane, możliwa transformacja znaczenia w kod, trudne do obliczenia.

Dane częściowo nadzorowane to dane liczbowe i alfa-numeryczne, najprawdopodobniej tekstowe Interakcja z użytkownikiem: wprowadzanie danych nie jest z góry określonym formatem.

Przykład: XML, pliki, strony internetowe, arkusz kalkulacyjny, dokumenty tekstowe, specyfikacje techniczne

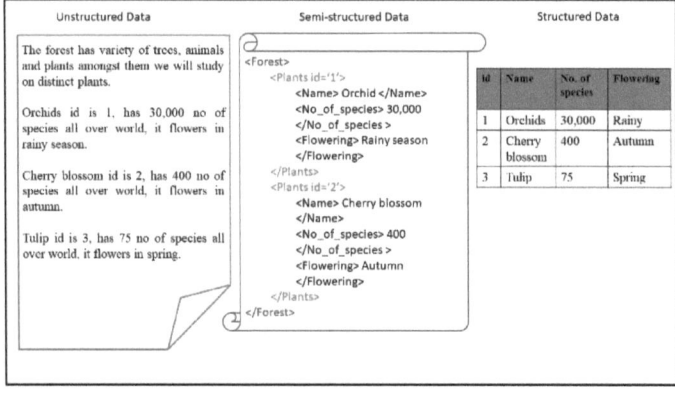

rys. 1.2 Różne sposoby zapisu niestrukturalnego, strukturalnego, półstrukturalnego

1.3. Dane nieustrukturyzowane

Dane nieustrukturyzowane to informacje, które albo nie mają stałego modelu danych, albo nie są zorganizowane w sposób stały. Pliki danych nieustrukturyzowanych często zawierają tekst i treści multimedialne.

Cechy charakterystyczne: nie zdefiniowany z góry format, przekształcenie znaczenia w zakodowany format złożony, w większości przypadków wynikający z interakcji, nie może być bezpośrednio obliczony.

Dane nieustrukturyzowane to głównie analogi alfa-numeryczne, tekstowe, tekstowe.

Interakcja z użytkownikiem: wprowadzanie danych nie ma z góry określonego formatu, koncentruje się na współpracy i interakcji w komunikacji.

Przykłady: zdjęcia kolorowe audio, blogi, fora. e-maile, rozmowy, czaty, media społecznościowe, nagrywanie.

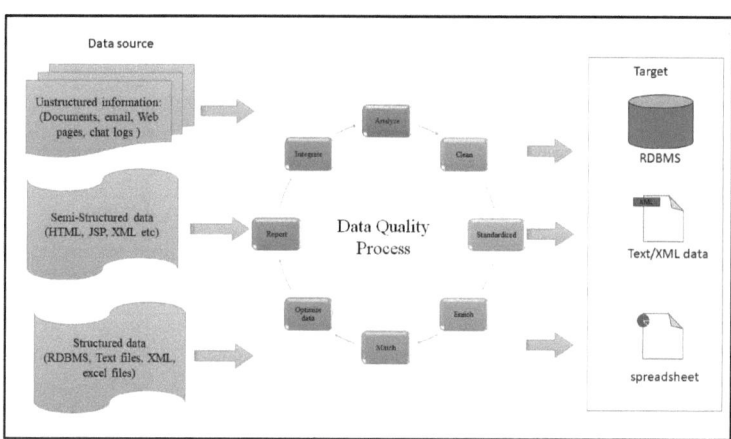

Rys. 1.3 Nieustrukturyzowana usługa zarządzania danymi

1.4. Dane, Informacje, Wiedza

Aby poradzić sobie z danymi nieustrukturyzowanymi, musimy opanować dane, informacje, wiedzę.

Dane: mogą to być wszelkie fakty, liczby lub testy, które mogą być przetwarzane przez komputer.

Dane obejmują

Dane operacyjne lub transakcyjne, takie jak sprzedaż, koszt, zapasy.

Dane nieoperacyjne, takie jak sprzedaż przemysłowa, dane prognozowane.

Metadane - dane o sobie, takie jak logiczne projektowanie bazy danych.

Informacja: Wzór, skojarzenie lub związek pomiędzy wszystkimi danymi może dostarczyć informacji.

Wiedza: Informacje mogą być przekształcone w wiedzę o wzorcach danych z przeszłości i przyszłych trendach.

1.4.1. Hurtownia danych

Duży magazyn danych gromadzi dane z wielu różnych źródeł w firmie i służy do kierowania decyzjami kierownictwa. Hurtownia danych jest repozytorium informacji zbieranych z wielu źródeł, przechowywanych według ujednoliconego schematu i zazwyczaj znajdujących się w jednym miejscu.

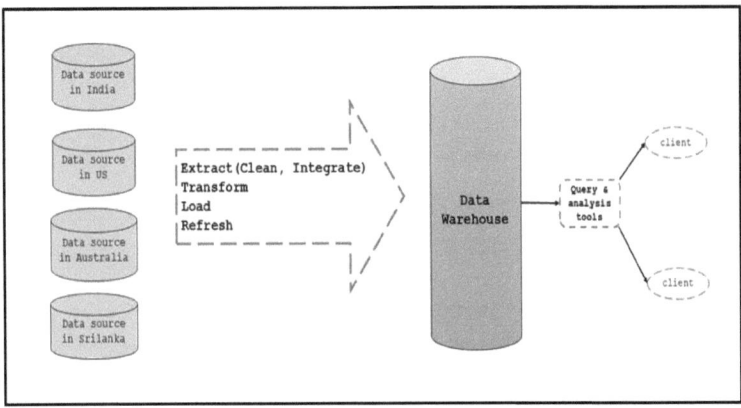

rys. 1.4 ETL i ramy hurtowni danych

Wyciąg: Destylacja danych. Woda w scenariuszu rzeczywistym jest destylowana, co oznacza, że wszystkie zanieczyszczenia są usuwane, a czysta woda jest dostępna do spożycia. Podobnie ekstrakcja danych polega na usunięciu hałaśliwych, brakujących danych i ekstrakcie (pobieraniu) informacji przydatnych do przetwarzania.

Transformacja: Dokonaj zmiany w wyglądzie. W przypadku transformacji danych jest tylko połączenie zbiorów danych lub zmiana nazwy kolumny normalizuje dane.

Ładowanie: łączenie danych. Wczytywanie danych z różnych relacyjnych baz danych, pliku csv, JSON itp.

Odśwież się: Akt lub funkcja aktualizująca dane. Ilość danych, poziom optymalizacji

Hurtownia danych jest budowana poprzez proces czyszczenia danych, integracji danych, transformacji danych, ładowania danych oraz tworzenia hurtowni danych.

Hurtownia danych jest odpowiedzialna, skonsolidowana, zmienna w czasie, kompatybilna wstecznie zbiorowo przyczynia się do wsparcia danych w procesie podejmowania decyzji przez kierownictwo.

Aby poradzić sobie z wyzwaniami związanymi z danymi nieustrukturyzowanymi, domena eksploracji danych pojawiła się w obrazie. Skupmy się na eksploracji danych.

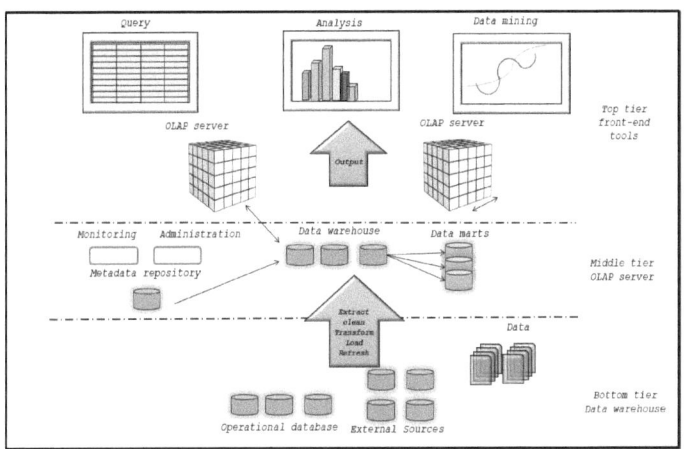

rys. 1.5 Trzypoziomowa architektura hurtowni danych

1.4.2. Wydobywanie danych

Krótko mówiąc, eksplorację danych można porównać z rzeczywistym scenariuszem "Znalezienie diamentu w kopalni węgla drzewnego", który z technicznego punktu widzenia oznacza znalezienie użytecznych danych na podstawie danych nieustrukturyzowanych, znanym jako eksploracja danych.

Data mining to proces pozyskiwania wiedzy ukrytej przed dużą ilością surowych danych. Wiedza ta musi być nowa, odpowiednia do jej wykorzystania.

Dane oznaczają zbieranie niektórych przypuszczalnych faktów, statystyk, związanych z niepowiązanymi informacjami. Górnictwo oznacza pozyskiwanie cennych danych z ogromnej ilości danych.

Eksploracja danych jest teoretyczną domeną obowiązkową dla technologii takich jak uczenie się maszynowe i sztuczna inteligencja.

Definicja eksploracji danych: Eksploracja danych jest procesem odkrywania/lokalizowania próbek.

9

/wzorem z ogromnej ilości zbiorów danych, /które obejmują metody na skrzyżowaniu nauki maszynowej, statystyki, bazy danych.

Data mining jest etapem analizy "odkrycia wiedzy w procesie bazodanowym, czyli KDD".

Odkrywanie wiedzy różni się od konwencjonalnego wyszukiwania informacji z baz danych. W tradycyjnych bazach danych DBMS rekordy są zwracane w odpowiedzi na zapytanie. Podczas gdy w odkryciu wiedzy to, co jest pobierane nie jest jawne w bazie danych, raczej składa się z domyślnych wzorców.

1.4.3. Proces odkrywania wiedzy w bazie danych (KDD)

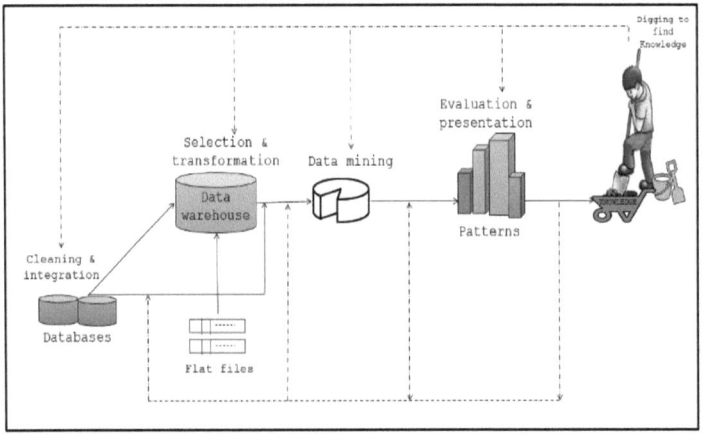

rys. 1.6 Eksploracja danych jako proces stopniowego odkrywania wiedzy Istotne kroki w odkrywaniu wiedzy

1. Czyszczenie danych: aby usunąć hałas i niespójne dane.

2. Integracja danych: gdy można połączyć wiele źródeł danych.

3. Wybór danych: gdy dane istotne dla zadania analizy są pobierane z bazy danych.

4. Przekształcanie danych: gdy dane są przekształcane i łączone w formularze odpowiednie dla górnictwa poprzez wykonywanie operacji podsumowania lub agregacji.

5. Eksploracja danych: niezbędny proces, w którym do ekstrakcji wzorów danych stosuje się inteligentne metody.

6. Ocena wzorca: identyfikacja naprawdę interesujących wzorców

10

reprezentujących wiedzę opartą na miarach zainteresowania.

7. Prezentacja wiedzy: gdzie stosuje się wizualizację i technikę reprezentacji wiedzy w celu przedstawienia użytkownikom wydobytej wiedzy.

8.

1.4.4. Etapy eksploracji danych

1. Zdefiniuj problem: Zidentyfikuj cel biznesowy, Zidentyfikuj cele eksploracji danych.

2. Zidentyfikować wymagane dane: Ocenić potrzebne dane, zebrać i zrozumieć dane.

3. Przygotowanie i obróbka wstępna: Wybierz wymagane dane dotyczące czyszczenia / filtrowania danych zgodnie z definicją problemu.

4. Modeluj dane: wybierz algorytm, skonstruuj model.

5. Dane dotyczące pociągu i testów: Pociągnij model z przykładowym zestawem danych, Przetestuj model, ponieważ zestaw danych jest podzielony na szkolenie i testowanie pozostałych 30% danych jest danymi testowymi Zaprojektowany model jest testowany na oddzielnych 30% danych testowych.

6. Weryfikacja i rozmieszczenie: Weryfikacja modelu projektowego. Przygotuj dane do wizualizacji i wdrożenia.

1.4.5. Przepływ danych górniczych

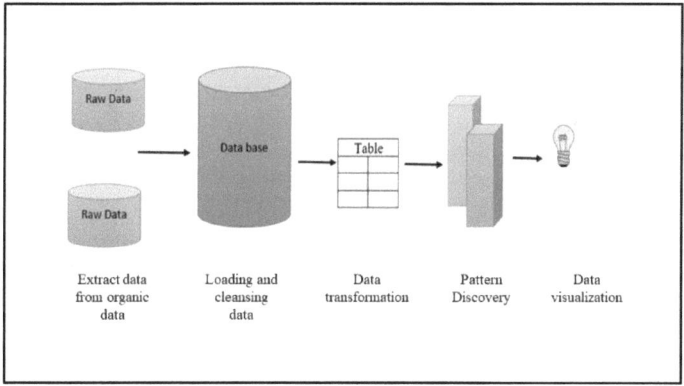

rys.1.7 Przepływ eksploracji danych

Wydobywanie danych: Ekstrakcja danych polega nie tylko na zeskrobaniu korzystnych informacji i zebraniu ich w arkuszu kalkulacyjnym do przyszłego

11

wykorzystania. Ekstrakcja danych jest procesem, który polega na pobieraniu wszystkich formatów i typów danych z nieuporządkowanych źródeł danych o złej strukturze. Dane te będą dalej wykorzystywane jest znany jako migracja danych.

Czyszczenie danych: Czyszczenie danych jest procesem rozpoznawania i usuwania niedokładnych zapisów ze zbioru danych, tabeli, bazy danych i odnosi się do rozpoznawania niedokończonej, niewiarygodnej, niedokładnej lub nieistotnej części danych, a następnie przywracania, przebudowywania i usuwania nieczystych danych.

Transformacja danych: Transformacja danych jest procesem przekształcania danych z jednej formy lub modułu w inną formę lub moduł. Aspekt transformacji obejmuje integrację danych i zadania związane z zarządzaniem danymi, takie jak wędrówki danych.

Pattern Discovery: Znalezienie owocnych faktów z podanych danych w celu odkrycia ciekawych wzorców stało się jednym z najważniejszych etapów eksploracji danych i może być stosowane w różnych dziedzinach.

Wizualizacja danych: Wizualizacja - jest to badanie, w którym zapisy teoretyczne i informacje nie przyciągają widzów, raczej widzowie ignorują artykuły teoretyczne do czytania, dlatego wizualizacja sprawia, że artykuły i badania są bardziej interaktywne i przyciągają widzów do czytania i rozumienia koncepcji. W przypadku eksploracji danych, koncepcji wizualizacji danych, dane z prawie 10000 rekordów nie są w stanie odczytać i zrozumieć ich ręcznie. Wizualizacja danych daje graficzną reprezentację danych. Polega na tworzeniu obrazów, które komunikują relacje między reprezentowanymi danymi a odbiorcą obrazów.

1.4.6. Różne dziedziny przyjęte przez Data Mining

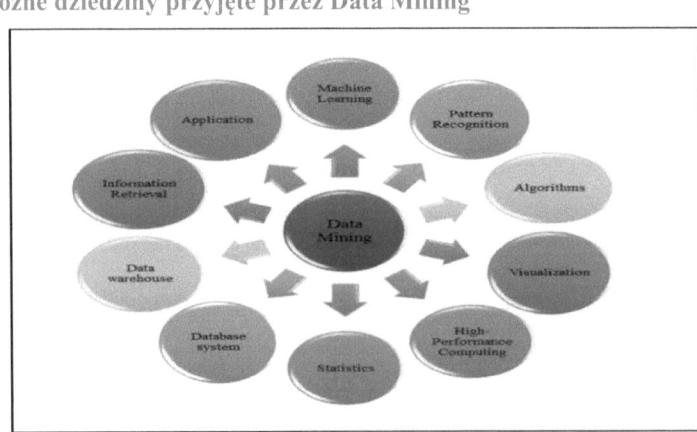

Rys. 1.8 Różne domeny przyjęte przez Data Mining

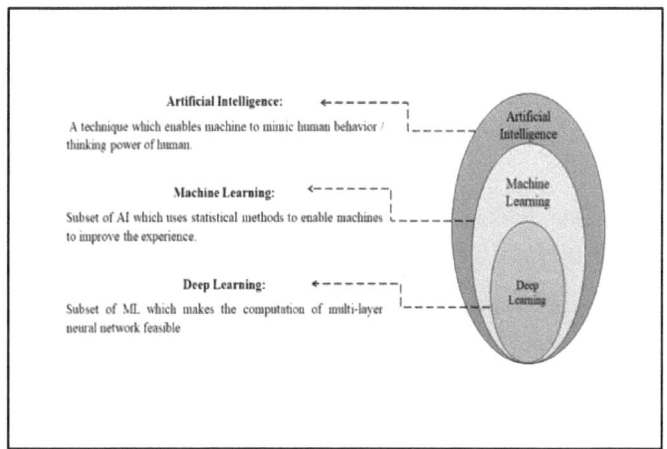

rys. 1.9 Krótkie wprowadzenie do zaawansowanych domen danych

1.4.7. Różnica pojęciowa między eksploracją danych a uczeniem się maszynowym

Parametry	Rodzaje	Relacja
Eksploracja danych	Zasady asocjacji, klasyfikacja, grupowanie, wzory sekwencyjne, podobieństwa sekwencji.	Prognozowanie, klasyfikowanie rzeczy kojarzących podobne rzeczy grupujące się w grupy tworzenie sekwencji
Nauka maszynowa	Nauka nadzorowana Nauka bez nadzoru Nauka wzmocniona Nauka	Automatyzacja pracowników Kontrola dostępu chroniąca zwierzęta przewidująca czasy poczekalni w nagłych wypadkach Identyfikacja Niewydolność serca klasa będzie uczyć się, cyfrowo Strażnik.

1.4.8. Zastosowania eksploracji danych

<u>Biznes:</u> zwiększanie zadowolenia klientów, redukcja kosztów i poprawa sprzedaży, przewidywanie ewentualnego ryzyka, segmentacja rynku, analiza konkurencji.

<u>Telekomunikacja:</u> Profilowanie marketingowe i ograniczanie odpływu klientów, wykrywanie oszustw, zarządzanie infrastrukturą sieciową, obniżenie opłat za połączenia.

<u>Sektor bankowy:</u> Identyfikacja kluczowych kanałów transakcji, segment klienta, wykrywanie i zapobieganie oszustwom, ocena ryzyka i analiza opinii klientów.

<u>Handel elektroniczny:</u> Przewidywanie zysków z całej przyszłej relacji z klientem, zwiększenie możliwości sprzedaży i utrzymanie klientów.

<u>Finanse:</u> Data science pomaga firmom finansowym zmniejszyć koszty operacyjne, zwiększyć przychody, wzmocnić bezpieczeństwo, poprawić doświadczenia użytkowników i prognozować rynki finansowe.

<u>Ochrona:</u> Algorytmy analizy danych, firmy mogą znaleźć wzorce w braku bezpieczeństwa, zapobiegać zagrożeniom cybernetycznym, wykrywać ataki i szybko na nie reagować.

<u>Opieka zdrowotna:</u> Data science przenosi dziedzinę medycyny na zupełnie nowy poziom, od analizy dokumentacji medycznej do wyników badań nad lekami i chorób onkologicznych.

Oddziały opieki zdrowotnej składają się z ogromnej ilości danych od rejestracji pacjenta do wypisu. Linia leczenia każdego pacjenta jest przechowywana w bazie danych. W bazie danych przechowywane są informacje o osobach hospitalizowanych, personelu, wszystkich lekarzach i innych pracownikach.

Zarządzanie i analiza eksploracji danych dotyczących opieki zdrowotnej odgrywa ważną rolę, a eksploracja danych ma ogromny potencjał dla sektora opieki zdrowotnej, umożliwiając systemom opieki zdrowotnej systematyczne wykorzystywanie danych i analiz w celu określenia nieefektywności i najlepszych praktyk, które poprawiają opiekę i zmniejszają koszty.

1.4.9. Wyzwania związane z eksploracją danych

1.   <u>Interfejs użytkownika:</u> odkryta wiedza za pomocą narzędzi eksploracji danych odkryta wiedza jest owocna tylko wtedy, gdy jest interaktywna i przyjazna dla użytkownika. Niezbędna jest lepsza wizualizacja i interpretacja danych.

2. Metoda górnicza: Niektóre metody eksploracji danych mają pewne ograniczenia, które mogą powodować problemy, takie jak
    i. Wszechstronność podejść górniczych

    ii. Różnorodność w dostępie do danych

    iii. Wymiary domen

    iv. Zarządzanie i obsługa głośnych danych

3. Złożone dane: Nieustrukturyzowane dane sieci społecznościowych zawierające obrazy, audio i wideo, dane złożone, dane czasowe, dane przestrzenne, szeregi czasowe, tekst w języku naturalnym.

4. Prywatność: Technologia eksploracji danych nie jest technologią biznesową czy technologiczną, ale społeczną. To kwestia indywidualnej prywatności. Data mining pozwala analizować rutynowe transakcje biznesowe i gromadzić znaczną ilość informacji o zwyczajach i preferencjach nabywczych osób fizycznych.

5. Integralność danych: Analiza danych może być tylko tak dobra, jak dane, które mają być analizowane. Wdrażanie konfliktów integralności lub nadmiarowych danych z różnych źródeł stanowi wyzwanie.

6. Prezentacja, wizualizacja wyników eksploracji danych: W jaki sposób systemy eksploracji danych muszą prezentować wyniki eksploracji danych, w sposób elastyczny, tak aby odkryta wiedza była łatwo zrozumiała i bezpośrednio wykorzystywana przez człowieka? Wymaga to od systemu przyjęcia wyrazistych reprezentacji wiedzy, przyjaznych dla użytkownika interfejsów i techniki wizualizacji.

Aby przezwyciężyć te wyzwania, zmierzamy w kierunku uczenia maszynowego, Machine Learning jest procesem odkrywania algorytmu, który dzięki uprzejmości doświadczenia poprawia dane uzyskane na podstawie historycznych / poprzednich modeli danych może przewidzieć przyszłe dane, które są znane jako Machine Learning. Algorytm ten pozwala maszynie na uczenie się bez ingerencji człowieka.

1.5. Nauka maszynowa

Termin "uczenie się maszynowe" został po raz pierwszy wprowadzony przez **Arthura Samuela** w **1959 roku**.

Machine Learning badanie jak komputer może się uczyć (lub poprawić swoją wydajność na podstawie danych. Jego głównym celem jest to, aby programy komputerowe uczyły się automatycznie rozpoznawać złożone wzorce i podejmować bezstronne, inteligentne decyzje w oparciu o dane).

Na przykład, w aplikacji zakupów online powiedzieć "amazon, flipkart itp." klient

15

wyszukuje wymagane akcesoria / sprzęt powiedzieć "iphone". System jest przeszkolony tak, aby przy próbie zakupów online klient otrzymywał rekomendacje iphone / ipod / macbook. wszystkie istotne rzeczy dotyczące iphone są sugerowane klientowi. Poprzez ten system rekomendacji klient kusi do kupowania nowych, sugerowanych przez niego przedmiotów.

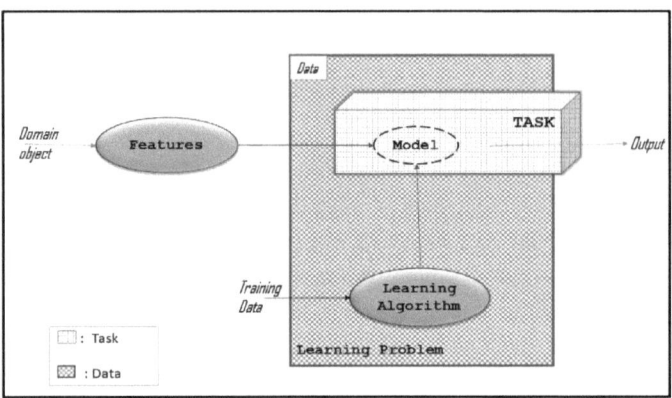

rys. 1.10 W jaki sposób nauka maszynowa jest wykorzystywana do wykonania danego zadania

Zadanie wymaga odpowiedniego odwzorowania, modelu od danych opisanych przez cechy do wyników, uzyskanie takiego odwzorowania z danych o szkoleniach jest tym, co stanowi problem edukacyjny.

Nauczanie maszynowe jest podpolem informatyki zajmującym się budowaniem algorytmów, które, aby być użytecznym, opierają się na zbiorze przykładów pewnych zjawisk. Przykłady te mogą pochodzić z natury, mogą być tworzone ręcznie przez ludzi lub generowane przez inny algorytm.

Uczenie się maszynowe można również zdefiniować jako proces rozwiązywania praktycznych problemów poprzez

1) Zbieranie danych.
2) Algorytmiczne budowanie modelu statystycznego w oparciu o ten zbiór danych.

Zakłada się, że ten model statystyczny zostanie w jakiś sposób wykorzystany do rozwiązania problemu dynamicznego.

Uczenie się maszynowe jest nową technologią, która umożliwia komputerom automatyczne uczenie się na podstawie danych z przeszłości. Uczenie maszynowe wykorzystuje prawdziwość algorytmów do budowania modeli matematycznych i tworzenia przewidywań na podstawie wcześniejszych danych lub informacji. Obecnie jest ono wykorzystywane do różnych zadań, takich jak identyfikacja obrazu, identyfikacja mowy, filtrowanie poczty elektronicznej, automatyczne tagowanie na Facebooku, system rekomendacji.

Uczenie się maszynowe jest naukowym studium algorytmu statystycznego modelowania uczenie się maszyn jest wydajne i skuteczne w wykonywaniu określonych zadań bez ingerencji człowieka.

1.5.1. Cechy charakterystyczne uczenia się maszyn

1. Decyzje oparte na danych.
2. Machine Learning zajmuje się danymi nieustrukturyzowanymi.
3. Zwiększona diagnoza Wydajność opieki zdrowotnej.
4. W dzisiejszym świecie skrócenie czasu pracy jest niezbędne, aby uczenie się maszyn ograniczało niepotrzebne wizyty w szpitalu i oszczędzało obowiązki administracyjne.
5. Spotkania z chorobami i diagnostyka
6. Spotkania z narkotykami (Medycyna) i produkcją
7. Obrazowanie medyczne: Nacisk na obraz przy użyciu technik przetwarzania obrazu buduje model i prognozuje choroby w oparciu o wcześniejszy raport obrazu diagnostyki.

1.5.2. Rurociąg do nauki maszyn

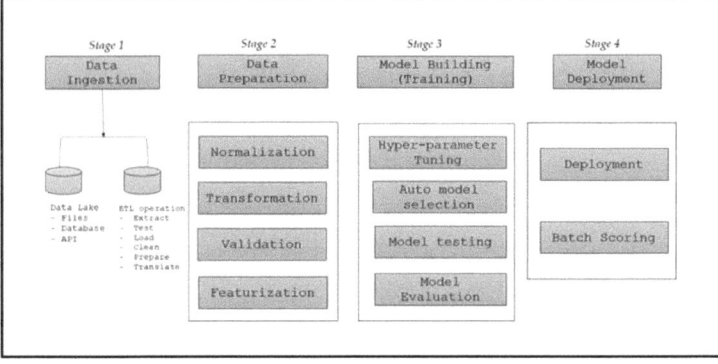

Rys. 1.11 Rurociąg do nauki maszyn

Spożycie danych:

Spożycie procesu absorpcji informacji. Spożycie danych to proces uzyskiwania i importowania danych do natychmiastowego wykorzystania lub przechowywania w bazie danych. Pobieranie danych jest procesem, w ramach którego dane są przenoszone z jednego lub więcej źródeł do miejsca przeznaczenia, gdzie mogą być przechowywane i dalej analizowane. Dane mogą pochodzić z różnych form, w tym z danych ustrukturyzowanych (RDBMS lub innych rodzajów baz danych) lub nieustrukturyzowanych (media społecznościowe, e-maile, audio, wideo itp.).

Przygotowanie danych:

Identyfikacja okresu i danych, które należy zebrać: dane historyczne nie są dostępne w sposób dokładny, dane zebrane tylko dla wyników pozytywnych, brak nieobiektywnej próby, historyczne zmiany strategii, w tym zmienne, które mogą zmienić się po wdrożeniu, budowanie modelu na cienkich danych.

Czyszczenie danych: nie usuwanie wartości odstających, nie usuwanie zduplikowanych rekordów, nie traktowanie wartości zerowych, wartości zerowych, wartości specjalnych.

Przekształcanie hipotezy bazy danych: dodawanie ID jako zmiennej, a nie hipoteza, nie myślenie ekstensywnie o interakcjach i proporcjach.

Modelowy budynek:

Hiperstrojenie: Model uczenia się maszynowego jest zdefiniowany jako model matematyczny z szeregiem parametrów, które muszą być wyuczone z danych. Trening modelu z istniejącymi danymi pozwala nam dopasować parametry modelu.

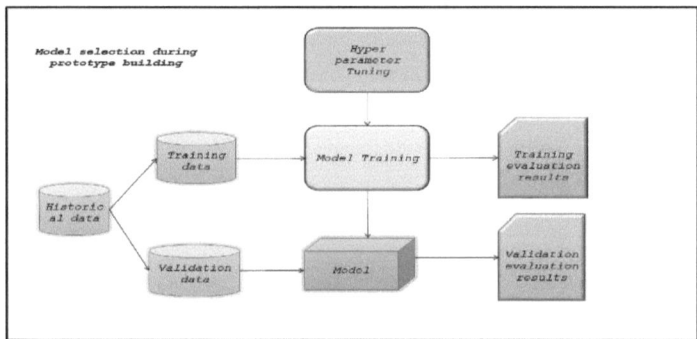

Rys. 1.12 Proces budowy modelu

Poprzednie dane są podzielone na dane dotyczące szkoleń oraz dane dotyczące testowania/uwalniania. Dane treningowe są dostarczane do modelowania treningu, podczas gdy parametr budowania hiperstrojenia modelu parametru treningu odgrywa istotną rolę. Gdy dane są modelowane w celu wytrenowania wyników oceny, dane walidacyjne są dostarczane w celu zastosowania w modelu niektórych algorytmów uczenia maszynowego, a walidowane wyniki oceny są ponownie dostarczane do hiperstrojarki parametrów. Cały ten proces jest znany jako wybór modelu w fazie prototypowania.

1.5.3. Rodzaje nauki maszynowej

1. Nauka nadzorowana
2. Nauka bez nadzoru
3. Nauka częściowo nadzorowana
4. Nauka o wzmocnieniu

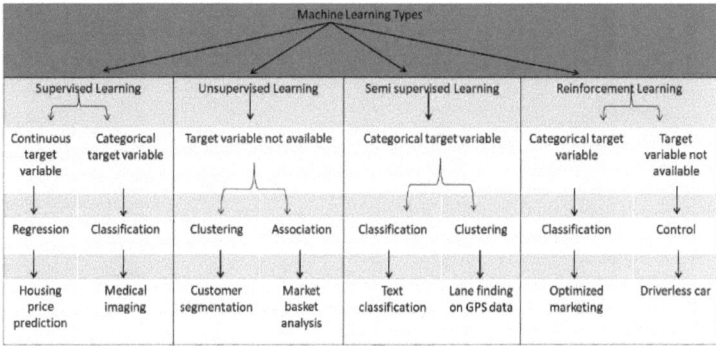

1.5.4. Nauka nadzorowana

- Większość praktycznego ML wykorzystuje naukę nadzorowaną

- Nadzorowane uczenie się polega na tym, że masz zmienne wejściowe(X) i wyjściowe (Y) i używasz algorytmu do uczenia się funkcji mapowania od wejścia do wyjścia.

Y= f(X) Model

- Celem jest tak dobre przybliżenie funkcji mapowania, że gdy masz nowe dane wejściowe (x), możesz przewidzieć zmienne wyjściowe (Y) dla tych danych
- Nazywa się to uczeniem nadzorowanym, ponieważ proces uczenia się

19

algorytmu na podstawie zbioru danych szkoleniowych może być uważany za nadzorowanie procesu uczenia się przez nauczyciela.

- Algorytm iteracyjnie dokonuje przewidywań na podstawie danych szkoleniowych

- Nauka kończy się, gdy algorytm osiąga akceptowalny poziom wydajności

Nadzorowana nauka okazała się wielkim sukcesem w zastosowaniach w świecie rzeczywistym. Jest ono wykorzystywane w prawie każdej dziedzinie, w tym w domenach tekstowych i internetowych.

Nauka nadzorowana jest również znana jako klasyfikacja lub nauka indukcyjna.

Nauka nadzorowana to zadanie nauki maszynowej polegające na uczeniu się funkcji, która mapuje wejście na wyjście na podstawie przykładowej pary wyjść wejściowych.

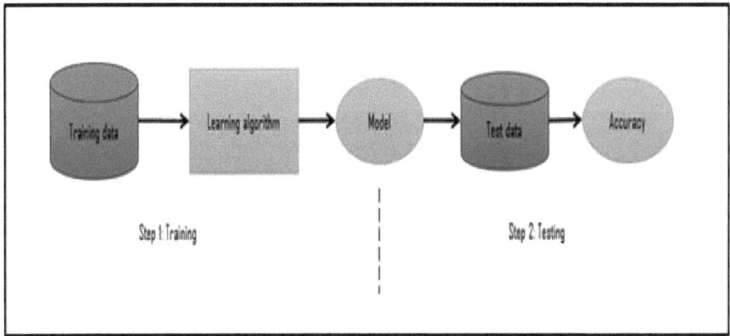

rys. 1.13 Podstawowy proces uczenia się: szkolenie i testowanie Dane szkoleniowe obejmują zarówno dane wejściowe, jak i pożądane dane wyjściowe lub wyniki.
Dla niektórych przykładów prawidłowe wyniki (cele) są znane i są podawane w danych wejściowych do modelu podczas procesu uczenia się.

Nadzorowana nauka skategoryzowana jako:

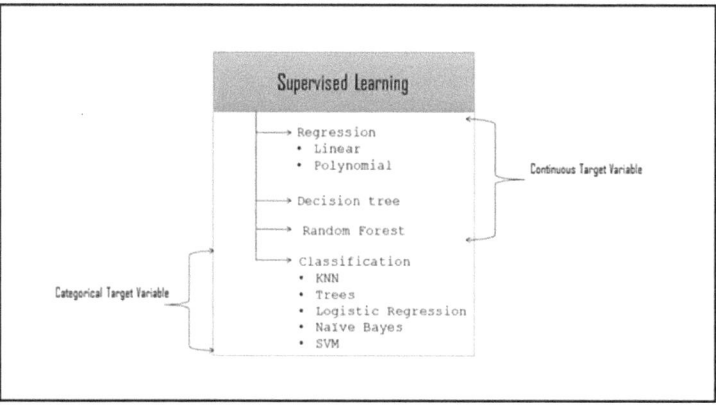

Rys. 1.14 Nauka pod nadzorem

Zastosowania nauki nadzorowanej:

- Bioinformatyka

- Marketing baz danych

- Rozpoznawanie pisma odręcznego

- Odzyskiwanie informacji

- Wydobycie informacji

- Rozpoznawanie wzorca i mowy

1.5.5. Nauka bez nadzoru

- Nauka bez nadzoru to taka, w której masz tylko dane wejściowe (X) i nie masz odpowiednich zmiennych wyjściowych.
- Celem uczenia się bez nadzoru jest modelowanie struktury lub dystrybucji danych, aby dowiedzieć się więcej na temat danych.
- Nazywa się je nauką bez nadzoru, ponieważ w przeciwieństwie do nauki nadzorowanej powyżej nie ma poprawnych odpowiedzi i nie ma nauczyciela.
- Algorytmy są pozostawione do samodzielnego opracowania, aby odkryć i przedstawić interesującą strukturę danych.

Nauka bez nadzoru jest synonimem tworzenia klastrów. Proces uczenia się nie jest nadzorowany, ponieważ przykład wejściowy nie jest oznaczony klasą. Zazwyczaj możemy użyć grupowania, aby odkryć klasy w danych.

Na przykład, metoda uczenia się bez nadzoru przyjmuje jako dane wejściowe zestaw obrazów odręcznych cyfr. Załóżmy, że znajdzie 10 klastrów danych. Te klastry mogą odpowiadać 10 różnym cyfrom, odpowiednio od 0 do 9. Ponieważ jednak dane szkoleniowe nie są oznaczone, model uczący się nie jest w stanie określić znaczenia semantycznego znalezionych klastrów.

Nienadzorowana nauka skategoryzowana jako:

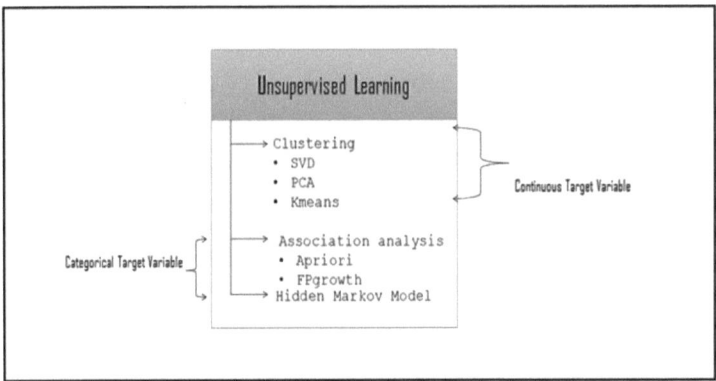

Rys. 1.15 Nauka bez nadzoru

Zastosowania nauki bez nadzoru:

- Automatyczne dzielenie zbioru danych w klastrach
- Szeroko stosowane do wstępnego przetwarzania danych
- Wykrywanie anomalii

1.5.6. Nauka częściowo nadzorowana

- Podstawową wadą nadzorowanego uczenia się jest to, że zbiór danych musi być ręcznie oznakowany albo przez inżyniera uczenia się maszynowego, albo przez badacza danych. Jest to bardzo kosztowny proces, zwłaszcza gdy mamy do czynienia z ogromną ilością danych.
- Wadą uczenia się bez nadzoru jest to, że spektrum zastosowań jest ograniczone.
- Te niedogodności są przezwyciężane przez naukę pod półnadzorowanym nadzorem. Dzieje się to między uczeniem się bez nadzoru (bez oznaczonych danych o szkoleniach) a uczeniem się nadzorowanym (z oznaczonymi danymi o szkoleniach).
- Dane nieoznaczone, w połączeniu z niewielką ilością danych oznaczonych,

22

mogą przyczynić się do znacznej poprawy dokładności nauczania.

- Najpierw programista klastruje podobne dane za pomocą nienadzorowanego algorytmu uczenia się, a następnie wykorzystuje istniejące dane oznaczone etykietami do oznaczania reszty danych nieoznaczonych.
- Typowe przypadki zastosowania tego typu algorytmu mają wspólną cechę - pozyskanie nieoznakowanych danych jest relatywnie tanie, a oznaczenie ich jest bardzo kosztowne.

Proces uczenia się pod częściowym nadzorem wykorzystuje proces klasyfikacji do identyfikacji aktywów danych oraz proces grupowania w celu pogrupowania ich w odrębne części. Algorytmy uczenia się pod nadzorem stanowią pośrednią płaszczyznę pomiędzy algorytmami nadzorowanymi i nie nadzorowanymi. Zasadniczo model uczenia się pod nadzorem łączy w sobie niektóre aspekty obydwu w jedną całość.

Przypadki zastosowania półnadzorowanego uczenia się maszynowego:

Branże prawnicza i ochrony zdrowia m.in. zarządzają klasyfikacją treści internetowych, analizą obrazu i mowy za pomocą nauki pod nadzorem.

W przypadku klasyfikacji treści internetowych, w przypadku silników pełzających i systemów agregacji treści stosuje się naukę pod nadzorem. W obu przypadkach wykorzystuje on szeroki wachlarz etykiet do analizy treści i układania jej w określonych konfiguracjach. Jednakże procedura ta zazwyczaj wymaga wkładu człowieka w celu dalszej klasyfikacji.

Doskonałym tego przykładem będzie klasyfikacja. Innym znanym narzędziem tej kategorii jest GATE (General Architecture for Text Engineering).

W przypadku analizy obrazu i mowy, algorytm wykonuje etykietowanie w celu dostarczenia realnego modelu analitycznego obrazu lub mowy z koherentną transkrypcją opartą na przykładowym korpusie. Może to być na przykład skan MRI lub CT. Przy pomocy niewielkiego zestawu przykładowych skanów możliwe jest dostarczenie spójnego modelu zdolnego do identyfikacji anomalii w obrazie.

Aplikacje nauki na wpół nadzorowanej:

Dochodzenie głosowe: Strumieniowe przesyłanie ramek audio i dostęp do etykiet dźwiękowych plików jest bardzo intensywnym zadaniem, jest to niezdefiniowane podejście do uczenia się pod półnadzorowanym nadzorem.
Klasyfikacja zawartości: Indywidualne etykietowanie stron internetowych jest procesem niewłaściwym i niewygodnym, dlatego też stosujemy półautomatyczne algorytmy uczenia się. Nawet optymalizator wyszukiwarek

Google korzysta z wariantu półautomatycznego uczenia się w celu sklasyfikowania przydatności strony internetowej, a także dla systemu rekomendacji.

Usystematyzowanie sekwencji proteinowej: Proces ten wywodzi się z obliczeń biologicznych, nici DNA są na ogół bardzo zróżnicowane pod względem wielkości, wzrost podejścia do uczenia się na wpół nadzorowanego był ogromny w tej dziedzinie.

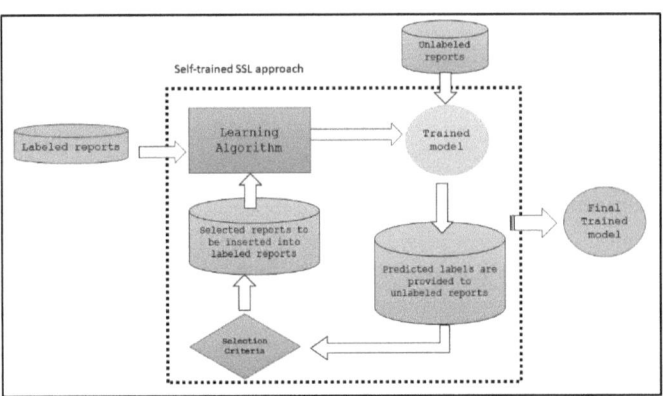

rys. 1.16 Kształcenie półnauczane (SSL)

1.5.7. Wzmocnienie Nauka

- Chodzi o podjęcie odpowiednich działań w celu maksymalizacji nagrody (informacji zwrotnej) w danej sytuacji

- Jest on wykorzystywany przez różne oprogramowanie i maszyny w celu znalezienia najlepszego możliwego zachowania lub ścieżki, którą powinien obrać w konkretnej sytuacji.

- Uczenie się wzmacniające różni się od uczenia się nadzorowanego w taki sposób, że w uczeniu się nadzorowanym dane szkoleniowe mają ze sobą klucz odpowiedzi, więc model jest szkolony z właściwą odpowiedzią, podczas gdy w uczeniu się wzmacniającym nie ma odpowiedzi, ale wzmacniający decyduje, co zrobić, aby wykonać dane zadanie.

- W przypadku braku zbioru danych o szkoleniach, musi on uczyć się na podstawie swoich doświadczeń.

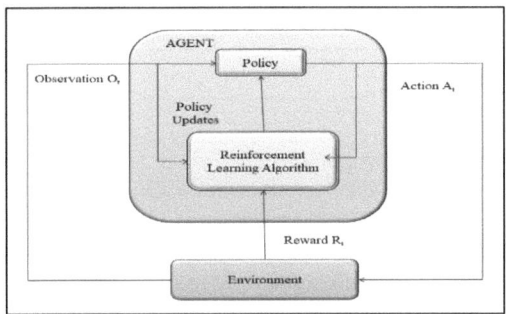

rys. 1.17 Nauka o wzmocnieniu

Wzmocnienie: działanie lub proces wzmacniania lub wzmacniania/proces zachęcania lub ustalania przekonań lub wzorców zachowań.

Uczenie się wzmacniające: opiera się na ukierunkowanym na cel uczeniu się z interakcji. Uczenie się wzmacniające maksymalizuje liczbowy sygnał nagrody poprzez mapowanie sytuacji do działań. W tym przypadku agent musi działać i uczyć się poprzez doświadczenie.

"Wszystkie nauki wzmacniające mają wyraźne cele i są inteligentne w znajdowaniu aspektów swojego środowiska, więc odpowiednio dobierają działania mające na celu kontrolę środowiska".

Elementy nauki o wzmocnieniu:

Polityka: sposób zachowania się agentów edukacyjnych w danym momencie. Funkcja **nagrody:** cel we wzmacnianiu problemu uczenia się **Funkcja wartości:** co jest dobre w przyszłości lub w dłuższej perspektywie?
Model środowiska (opcjonalny): służy do planowania i przewidywania wynikającego z niego kolejnego stanu i następnej nagrody.

1.6. Proces uczenia się maszyn w szczegółach

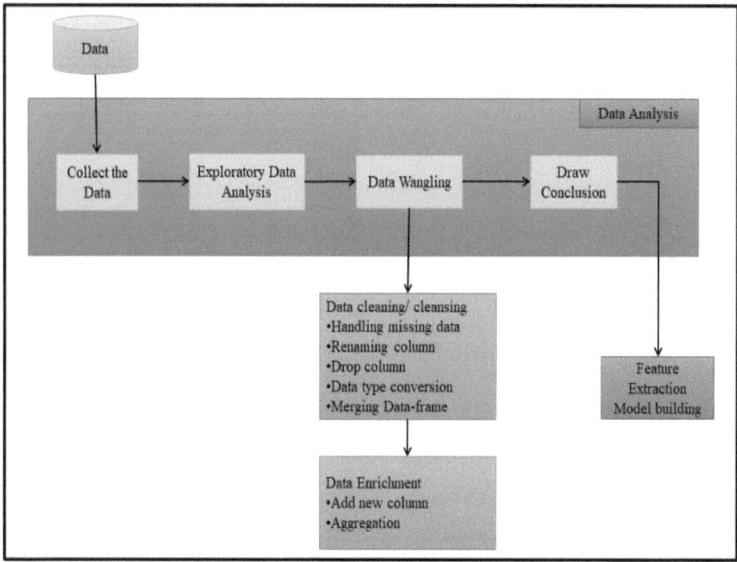

rys. 1.18 Proces uczenia się maszyn

1.6.1. Proces uczenia się maszyn

5. Gromadzenie danych
6. Analiza danych poszukiwawczych
7. Wahania danych
8. Wyciągnij wniosek: Cechy Wydobycie i budowa modelu

1.6.2. Gromadzenie danych

Gromadzenie danych jest procesem zbierania i pomiaru informacji z niezliczonych różnych źródeł. Aby wykorzystać dane, zebrać je w celu opracowania praktycznych rozwiązań w zakresie sztucznej inteligencji i uczenia się maszynowego, muszą być one zbierane i przechowywane w sposób, który ma sens dla danego problemu biznesowego.

1.6.3. Analiza danych poszukiwawczych

Poszukiwacz: Dochodzenie lub dowiedzenie się prawdy o czymś.

Sugerować hipotezy dotyczące przyczyn obserwowanych zjawisk, oceniać założenia, na których opierać się będą wnioski statystyczne, Wspierać wybór odpowiednich narzędzi i technik, Dostarczać podstawę do dalszego gromadzenia danych poprzez badania lub eksperymenty.

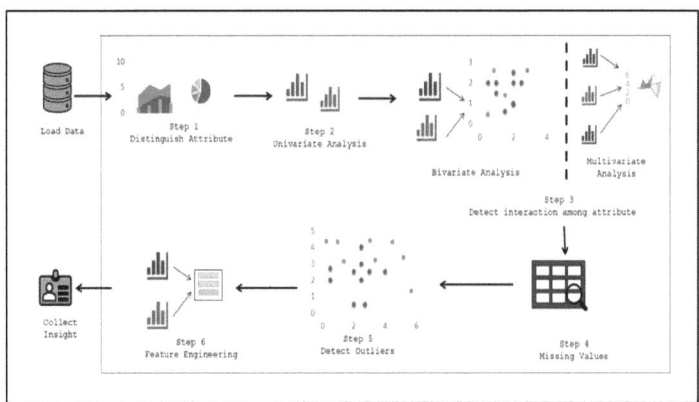

Rys. 1.19 Analiza danych poszukiwawczych

Uniwariatowa analiza:

Uni oznacza jedną, Univariate tylko jedną zmienną.

Analiza danych jednostkowych jest zatem najprostszą formą analizy, ponieważ informacje dotyczą tylko jednej zmieniającej się wielkości. Nie dotyczy ona przyczyn ani związków, a głównym celem analizy jest opisanie danych i znalezienie wzorców, które w nich istnieją. Przykładem danych jednozmiennych może być waga.

Analiza wariantu Bia:
Dane obejmują dwie różne zmienne. Analiza tego typu danych zajmuje się przyczynami i związkami, a analiza jest przeprowadzana w celu określenia związku pomiędzy tymi dwoma zmiennymi. Przykłady: danymi dwudzielnymi mogą być: atmosfera i sprzedaż lodów w sezonie letnim. Atmosfera i sprzedaż odzieży wełnianej w sezonie zimowym. Sprzedaż ubrań do atmosfery i płaszczy przeciwdeszczowych w porze deszczowej.

Wielozmienny:
Gdy dane zawierają trzy lub więcej zmiennych, są one podzielone na kategorie wielowymiarowe. Przykład jest youtuber chce znać jego popularność z każdym

(LinkedIn, Instagram, Facebook, Discord) konto w mediach społecznościowych i porównać poglądy na różnych kont w mediach społecznościowych i skategoryzowane w liczbie zwolenników mężczyzn i liczby zwolenników kobiet, które mogą ułatwić w jego pracy, aby treści dla odbiorców docelowych.

Wykrywając odstającą od tego popularność:
Odchyłka to obiekt, który znacznie odbiega od reszty obiektów. Mogą one być spowodowane błędem pomiarowym lub wykonawczym. Analizę danych odstających określa się jako analizę odstających lub wydobycie odstających.

Odchyłka to obiekt, który znacznie odbiega od reszty obiektów. Mogą one być spowodowane błędem pomiarowym lub wykonawczym. Analizę danych odstających określa się jako analizę odstających lub wydobycie odstających.

Inżynieria Cech:
Cecha charakterystyczna: Cecha charakterystyczna, **Inżynieria:** Akcja pracy artystycznej, która ma na celu wyprowadzenie niektórych z zaskoczenia innowacyjnością.

Inżynieria obiektów to proces przekształcania danych organicznych w cechy, które lepiej reprezentują podstawowy problem modeli predykcyjnych, co skutkuje poprawą dokładności modelu na niewidzialnych danych. Inżynieria obiektowa przekształca dane wejściowe w rzeczy, które algorytm może zrozumieć.

Brakujące wartości: Usuwanie wartości zerowych bez utraty danych, usuwanie danych hałaśliwych.

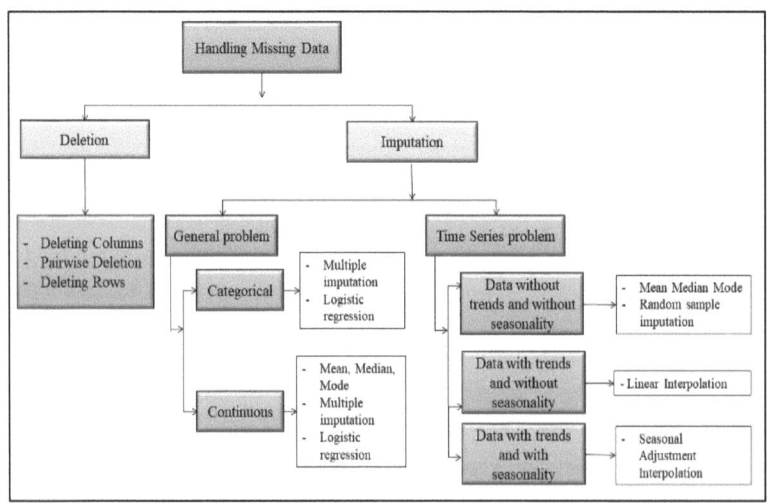

28

rys. 1.20 Postępowanie z brakującymi wartościami

Zwijanie się: Sprytnie manipulując pewną ilością danych

Data Wrangling (znane również jako Data Munging) to proces przekształcania danych z ich oryginalnej "surowej" formy w bardziej strawny format i porządkowania zbiorów z różnych źródeł w pojedynczą spójną całość do dalszego przetwarzania.

Włóczenie się danych następuje po dwóch operacjach

   i.   Czyszczenie danych

   ii.   Wzbogacanie danych

Dane organiczne (dane surowe): Są to wszelkie dane magazynowe (teksty, zdjęcia, zapisy w bazie danych), które są udokumentowane, ale nie zostały jeszcze przetworzone i w pełni zintegrowane z systemem. "Sprzeczanie się" odnosi się do pewnego zaokrąglenia informacji.

Proces kłótni można opisać jako "trawienie" danych (często określany jako "munging", a więc alternatywne określenie "munging danych") i uczynienie go użytecznym dla systemu. Można go opisać jako etap przygotowawczy dla każdej innej operacji związanej z danymi.

Zmaganiom z danymi zazwyczaj towarzyszy mapowanie. Termin "Data Mapping" odnosi się do elementu procesu restrukturyzacji, który polega na identyfikacji pól danych źródłowych do odpowiednich pól danych docelowych. Podczas gdy proces analizy danych ma na celu przekształcenie danych, mapowanie polega na łączeniu punktów pomiędzy różnymi elementami.

Kolejność następujących procesów:

- Przetwarzanie wstępne: Stan początkowy, który występuje zaraz po pozyskaniu danych.

- Standaryzacja danych w zrozumiałym formacie. Na przykład, masz zapis zdarzeń w profilu użytkownika i musisz go posortować według typów zdarzeń i znaczników czasu;

- Czyszczenie danych z szumu, brakujących lub błędnych elementów.

- Konsolidacja danych z różnych źródeł lub zestawów danych w jedną spójną całość. Na przykład, posiadasz sieć reklamy afiliacyjnej i musisz zebrać statystyki wydajności dla bieżącego etapu kampanii marketingowej;

- Dopasowanie danych do istniejących zbiorów danych. Na przykład, posiadasz już dane użytkownika na określony okres i łączysz te zbiory w bardziej rozbudowany zestaw.
- Filtrowanie danych poprzez określone ustawienia dotyczące przetwarzania.

Spór o dane obejmuje następujące procesy:

- Uzyskiwanie danych z różnych źródeł w jednym miejscu.
- Układanie danych razem zgodnie z ustalonym ustawieniem.
- Czyszczenie danych z szumu lub błędnych, brakujących elementów.

1.6.5. Wyciągnij wniosek: 1.6.6. Ekstrakcja elementów i budowa modelu

Ekstrakcja: Pobieranie znaczących funkcji z istniejących danych Wybór: Wybór podzestawu oryginalnej puli funkcji

Redukcja wymiarów: Wymiar odnosi się do pomiaru pewnego aspektu obiektu. Redukcja wymiarów jest badaniem metody redukcji ilości wymiarów opisujących obiekt.

Jego ogólne cele to usunięcie nieistotnych lub powtarzalnych danych w celu zmniejszenia kosztów obliczeniowych i uniknięcia ich przerostu oraz poprawa jakości danych w celu efektywnego przetwarzania danych, takiego jak rozpoznawanie wzorów.

Redukcja wymiarów jest obszarem badań na przecięciu kilku dyscyplin, w tym statystyki baz danych eksploracji danych tekstowych rozpoznawania wzorców maszyny uczącej się AI wizualizacji i optymalizacji.

Przykład zastosowania techniki redukcji wymiarowości, w tym eksploracji struktury genowej dokumentu tekstowego odkrywanie obrazów przetwarzanie statystyczne uczenie się obrazów

Metody redukcji wymiarowej są często podzielone na ekstrakcję cech i wybór cech.

Ekstrakcja cech jest procesem redukcji wymiarowości, dzięki któremu wstępny zestaw surowych danych zostaje zredukowany do bardziej zarządzalnych grup do przetwarzania. Cechą charakterystyczną tych dużych zbiorów danych jest duża liczba zmiennych, które wymagają dużych zasobów obliczeniowych do przetworzenia.

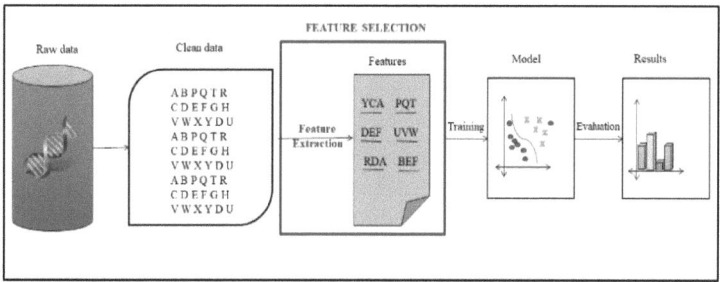

rys. 1.21 Odciąganie elementów i wybór elementów

Wybór funkcji: Wybór funkcji to podzbiór oryginalnych funkcji wybranych na końcu.

Ekstrakcja cech charakterystycznych: Ekstrakcja cech jest nowa funkcja są ekstrahowane przy użyciu niektórych mapowania (liniowe i nieliniowe) z oryginalnego zestawu cech.

S= {v1, v2, ... vD}

Znajdź S' na podstawie liniowego lub nieliniowego mapowania S.

The cardinality of |S'|=d & J(S'') >= J(T) for all derived set of feature T with |T|=d Let S, be the sample,

Gdzie S = zestaw cech, S' = nowy zestaw cech, J = funkcja oceny
T = Pochodny zestaw cech D = wymiar
Ekstrakcję cech można zdefiniować w następujący sposób

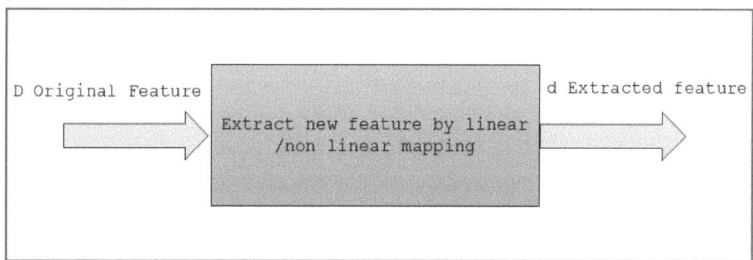

Rys. 1.22 Proces ekstrakcji cech charakterystycznych

31

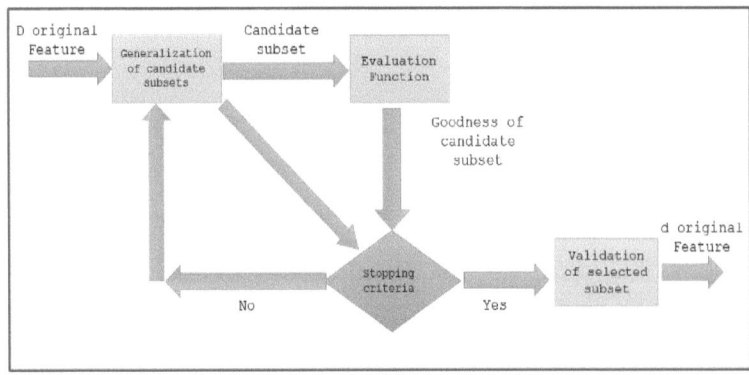

rys. 1.23 Proces wyboru funkcji

Modelowy budynek:
• **Zbieraj dane:** Jakość i ilość informacji, które otrzymujesz, są bardzo ważne, ponieważ mają one bezpośredni wpływ na to, jak dobrze lub źle Twój model będzie działał. Możesz mieć te informacje w istniejącej bazie danych lub musisz je stworzyć od podstaw. Jeśli jest to mały projekt, możesz stworzyć arkusz kalkulacyjny, który później zostanie łatwo wyeksportowany jako plik CSV.

• **Przygotuj dane:** aby zwizualizować swoje dane i sprawdzić, czy istnieją korelacje pomiędzy różnymi cechami, które uzyskaliśmy. Konieczne będzie dokonanie wyboru cech, ponieważ te, które wybierzesz, będą miały bezpośredni wpływ na czas wykonania i wyniki. W razie potrzeby można również zredukować wymiary poprzez zastosowanie PCA. Należy zrównoważyć ilość danych, które posiadamy dla każdego wyniku - klasy - tak, aby były one znaczące, ponieważ uczenie się może być stronnicze w stosunku do rodzaju odpowiedzi, a gdy Twój model będzie próbował uogólniać wiedzę, to się nie uda. Należy również rozdzielić dane na dwie grupy: jedną na szkolenie, a drugą na ocenę modelu, którą można podzielić w przybliżeniu w stosunku 80/20, ale może się ona różnić w zależności od przypadku i ilości danych. Na tym etapie można również wstępnie przetworzyć dane, normalizując je, eliminując duplikaty i dokonując korekty błędów.

• **Wybierz model:** Istnieje kilka modeli, które można wybrać zgodnie z celem, jaki można mieć: będziesz używać algorytmów klasyfikacji, przewidywania, regresji liniowej, grupowania, tj. k-średnich lub K-najbliższego Sąsiada, Głębokiego Uczenia się, tj. sieci neuronowych, bajesowych, itp. Istnieją różne modele, które mogą być używane w zależności od danych, które zamierzasz przetwarzać, takich jak obrazy, dźwięk, tekst i wartości liczbowe.

• **Trenuj swój model maszyny:** trenuj zestawy danych, aby pracować płynnie i widzieć stopniową poprawę szybkości przewidywania. Pamiętaj, aby inicjalizować masy modelu w sposób losowy - masy są to wartości, które mnożą się lub wpływają na relacje między wejściami i wyjściami - które będą automatycznie korygowane przez wybrany algorytm im więcej ich trenujesz.

• **Ocena:** aby sprawdzić maszynę stworzoną na podstawie zestawu danych ewaluacyjnych, który zawiera dane wejściowe, których model nie zna i zweryfikować precyzję już wytrenowanego modelu.

• **Strojenie parametrów:** Jeżeli podczas oceny nie uzyskaliście dobrych przewidywań, a wasza precyzja nie jest pożądanym minimum, możliwe jest, że macie problemy z dopasowaniem - lub niedopasowaniem - i musicie wrócić do etapu treningu przed dokonaniem nowej konfiguracji parametrów w waszym modelu. Możesz zwiększyć ilość iteracji danych treningowych - nazywanych epokami. Innym ważnym parametrem jest ten znany jako "współczynnik uczenia się", który jest zazwyczaj wartością mnożącą gradient, aby stopniowo zbliżyć go do globalnego - lub lokalnego - minimum w celu zminimalizowania kosztów funkcji.

• **Przewidywanie lub wnioskowanie:** Teraz gotowy do użycia model uczenia się maszynowego, który daje wyniki w rzeczywistych scenariuszach.

Rozdział 2: Instalacja

1. Zbiór danych: dane są zbierane z repozytorium UCI, Kaggle.
2. Język programowania: Python 3.x
3. IDLE: Python IDLE/pycharm/anaconda jupyter notebook

Technologia i związane z nią platformy:

1. Python IDLE (Python3.x):

Kiedy Guido van Rossum tworzył pytona w latach 80-tych, zadbał o to, aby zaprojektować go jako język ogólnego przeznaczenia. Język pytonowy jest jednym z najbardziej dostępnych języków programowania, ponieważ ma uproszczoną składnię i nie jest skomplikowany, co daje większy nacisk na język naturalny. Ze względu na łatwość nauki i użytkowania, kody pythonowe mogą być łatwo pisane i wykonywane znacznie szybciej niż inne języki programowania.

Python został stworzony ponad 30 lat temu, co oznacza, że każda społeczność programistów ma dużo czasu na rozwój i dojrzewanie, aby odpowiednio wspierać programistów od poziomu początkującego do eksperckiego. Dostępnych jest wiele dokumentacji, przewodników i video tutoriali dla języka Python, które uczący się i rozwijający na każdym poziomie umiejętności i w każdym wieku mogą wykorzystać i otrzymać wsparcie niezbędne do poszerzenia swojej wiedzy w języku programowania Pythona.

2. Anaconda Team Edition

Anaconda Team Edition jest naszym repozytorium najnowszej generacji dla wszystkich rzeczy Anaconda. Dzięki wsparciu dla wszystkich głównych systemów operacyjnych, repozytorium służy jako centralny zasób opakowań conda, PyPI i CRAN dla użytkowników komputerów stacjonarnych, klastrów programistycznych, systemów CI/CD i kontenerów produkcyjnych. Czytelnia do budowania artefaktów (pakietów i bibliotek) - wraz z ich metadanymi - w skali przedsiębiorstwa Kompleksowa historia zdarzeń w repozytorium, zapewniająca zarządzanie i bezpieczeństwo Ułatwia dystrybucję zużywających się artefaktów do użytkowników końcowych, menedżerów pakietów i serwerów CI, aby mogli oni odzyskać i przechowywać artefakty i ich zależności w trakcie cyklu życia produktu. Integrując się z korporacyjnym zarządzaniem treścią, w tym z alertami CVE jako pierwsi dostawcy otwartego oprogramowania dla nauki o danych, AI i ML, pomagamy już zespołom budować modele, aplikacje, pulpity, API REST poprzez Anaconda

Individual Edition, menedżera pakietów i środowiska oraz nasze repozytorium pakietów w Anaconda Cloud.

2.1. Instalacja programu Python 3 Installer w systemie Windows

1.   Pobierz instalator Python 3: Otwórz okno przeglądarki i przejdź do strony Pobierz dla Windows na python.org. Pod nagłówkiem na górze, który mówi Python Release for Windows, kliknij na link Latest Python 3 Release - Python 3.x.x. (Od tego momentu, najnowszy jest Python 3.6.5.) Przewiń na dół i wybierz albo Windows x86-64 executable installer for 64-bit albo Windows x86 executable installer for 32-bit. (Zobacz poniżej).

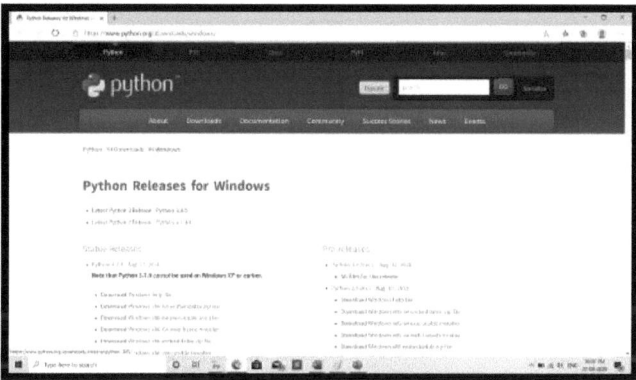

2.   Uruchomić instalator: Po wybraniu i pobraniu instalatora, po prostu uruchom go poprzez dwukrotne kliknięcie na pobrany plik. Powinno pojawić się okno dialogowe, które wygląda tak: Okno dialogowe instalacji systemu Windows: Ważne: Chcesz mieć pewność, że zaznaczysz pole wyboru Dodaj Python 3.x do PATH, jak pokazano na rysunku, aby upewnić się, że interpreter zostanie umieszczony na Twojej ścieżce wykonania.

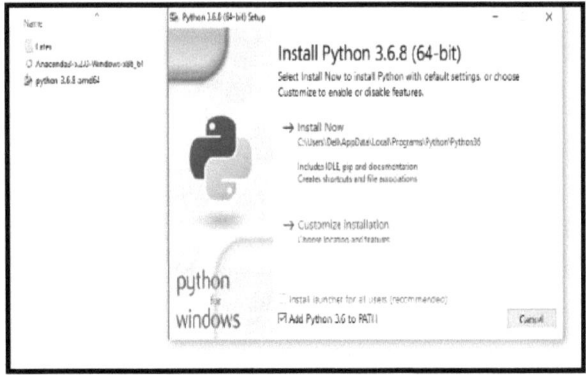

3. Następnie wystarczy kliknąć przycisk Install Now. To powinno być wszystko, co do niego należy. Kilka minut później powinieneś mieć działającą instalację Pythona 3 w swoim systemie.

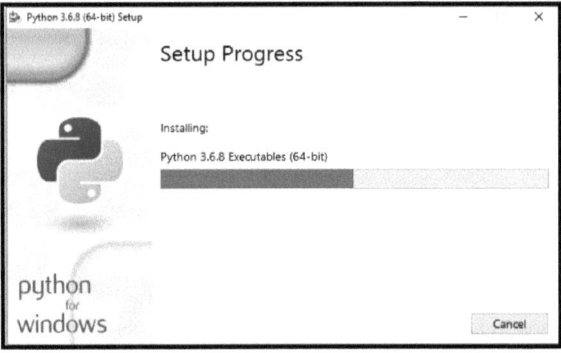

Instalacja w toku

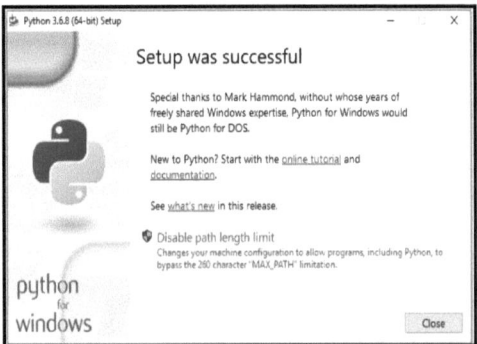

Konfiguracja została pomyślnie zainstalowana

2.2. Instalacja Instalatora Anaconda w systemie Windows

1. Pobierz instalator Anaconda.

https://www.anaconda.com/products/individual

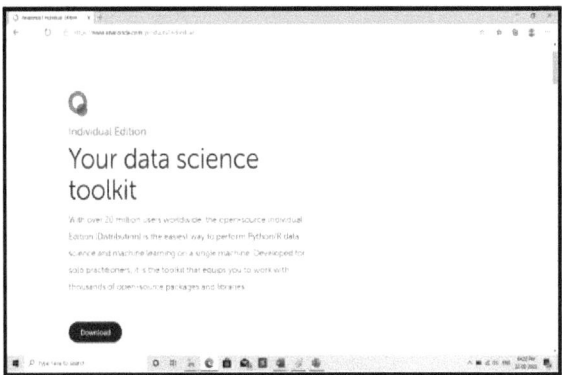

2. ZALECANE: Zweryfikować integralność danych za pomocą SHA-256. Więcej informacji na temat haszyszu można znaleźć w sekcji A co z kryptograficzną weryfikacją haszyszu?

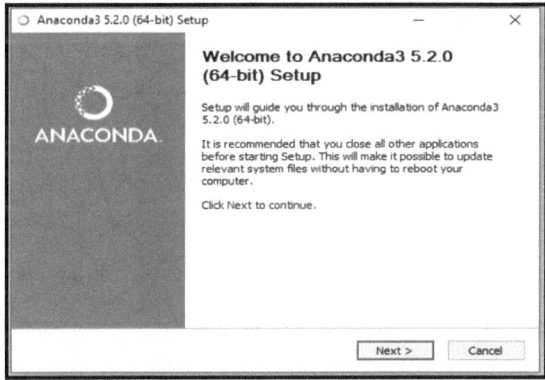

3. Kliknij dwukrotnie instalator, aby uruchomić.

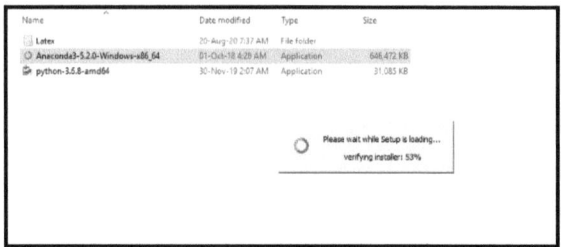

4. Kliknij Next. Przeczytaj warunki licencji i kliknij przycisk Zgadzam się.

5. Wybierz instalację dla Just Me, chyba że instalujesz dla wszystkich użytkowników (co wymaga uprawnień administratora Windows) i kliknij Next.

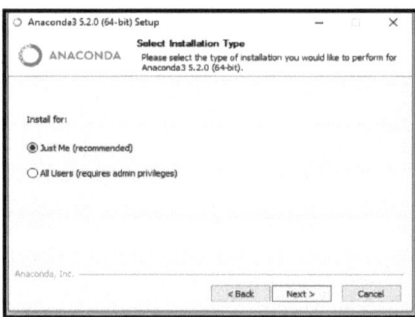

6.   Wybierz folder docelowy do zainstalowania programu Anaconda i kliknij przycisk Dalej.

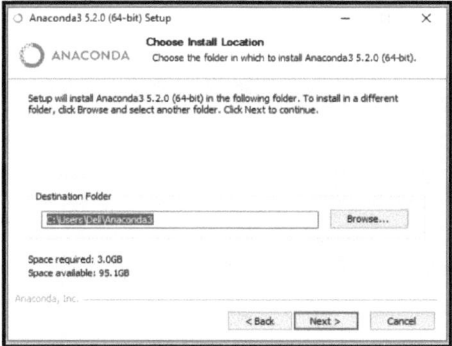

7.   Zaawansowane opcje instalacji, wybierz opcje zgodnie z wymaganiami

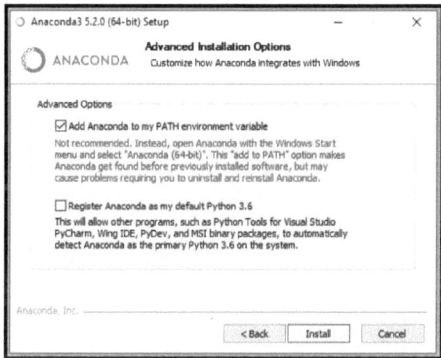

8.   Instalacja w toku

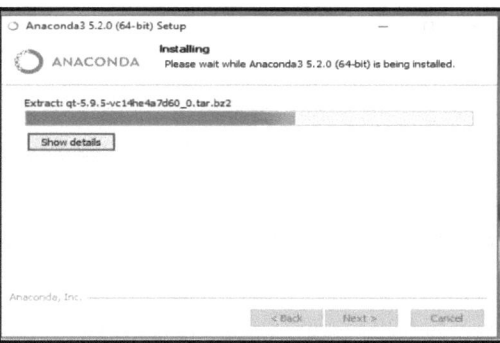

9.   Konfiguracja zainstalowana z powodzeniem

2.3. Fancy Python Libraries to be installed for upcoming projects Python installation packages PIP

Instalacja i zarządzanie pakietami Pythona Za pomocą **programu pip** With Python, możesz zbudować praktycznie wszystko, od prostych skryptów po pełne aplikacje. Język Pythona nie jest jednak fabrycznie zainstalowany z wszystkimi fantazyjnymi funkcjami, które mogą być potrzebne (lub wymagane). Kiedy potrzebujesz konkretnej funkcjonalności, możesz zajrzeć do pakietów Pythona.

Komenda do zainstalowania pakietów pythona: pip3 install <packagename>

Uwaga: polecenie powinno być wykonane na komendzie polecenia w windows / terminalu na linuksie

2.3.1. Numpy

Biblioteka Numpy to podstawowa biblioteka obliczeń naukowych w Pythonie. Dostarcza ona wysokowydajny wielowymiarowy obiekt tablicy oraz narzędzia do pracy z tą tablicą.

>>pip3 zainstalować numpy

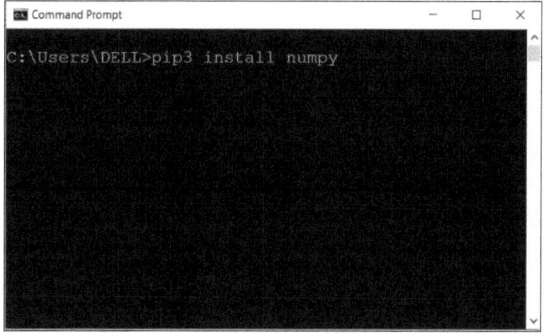

Teraz, zbierając, pobierając, instalując numpy

Należy stosować następującą konwencję przywozową:

importować zdrętwiały jak np.

Uwaga: "as" - dla aliasingu, zdrętwiały wyraz może być zastąpiony np. w razie potrzeby w programie.

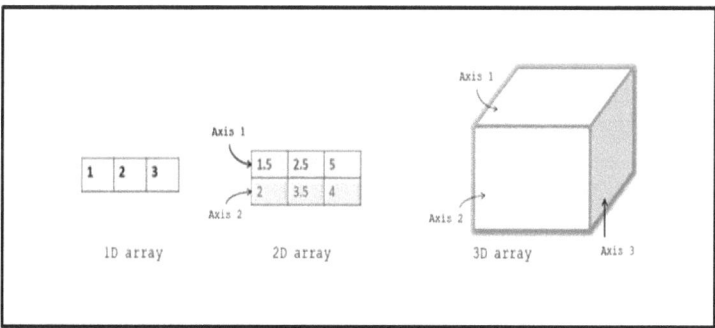

rys. 2.1 Reprezentacja tablicy numerowej

Podstawowy układ wielowymiarowy.

Deklaracja porównawcza listy i reprezentacji tablicowej przy użyciu numpy

```
# zaimportuj numpy importu pakietu jako np. funkcja def1():
# lista

ll = [10, 20, 30, 40, 50, 60]

print(f"ll = {ll}, type = {type(ll)}") # uszeregowanie
# - pamięć zostanie przydzielona ciągle # - płaska lista
# - zbiór tych samych wpisanych wartości

al = np.array([10, 20, 30, 40, 50, 60])

print(f"al = {al}, type = {type(al)}")

funkcja1()
```

Deklaracja porównawcza listy i reprezentacji tablicowej przy użyciu numpy

```
Funkcja def2():

# lista ll = [
[10, 20, 30],

[40, 50, 60]

]

print(f"ll = {ll}, type = {type(ll)}")

print(f"ll[0][0] = {ll[0][0]}")

print("-" * 40) # array
al = np.array([ [10, 20, 30],
[40, 50, 60]

])

print(f"al = {al}, type = {type(al)}")

print(f"al[0][0] = {al[0][0]}")
```

```
funkcja2()
```

Deklaracja porównawcza jednowymiarowej i dwuwymiarowej reprezentacji tablicowej przy użyciu numpy

```
Funkcja def3():
# jednowymiarowy
a1 = np.array([10, 20, 30, 40, 50, 60])
print(f"a1 = {a1}")
print(f"data type = {a1.dtype}") print(f"count = {a1.size}")
print(f"memory size of every value = {a1.itemsize}") print(f"total
memory size = {a1.nbytes}")
print(f"n dimensions = {a1.ndim}") print(f"shape = {a1.shape}")
print("-" * 40)
# two dimensional a2 = np.array([
[10, 20, 30],
[40, 50, 60]
])
print(f"a1 = {a2}")
print(f"data type = {a2.dtype}") print(f"count = {a2.size}")
print(f"memory size of every value = {a2.itemsize}") print(f"total
memory size = {a2.nbytes}")
print(f"n dimensions = {a2.ndim}") print(f"shape = {a2.shape}")
print("-" * 40)
a3 = a2.reshape([3, 2]) print(f"a3 = {a3}")
print(f"data type = {a3.dtype}") print(f"count = {a3.size}")
print(f"memory size of every value = {a3.itemsize}")

print(f"total memory size = {a3.nbytes}")
```

```
print(f"n dimensions = {a3.ndim}") print(f"shape = {a3.shape}")
funkcja3()
```

2.3.2. Pandas

Biblioteka Pandas jest zbudowana w oparciu o numpy i zapewnia łatwą w użyciu strukturę danych i analizę danych Narzędzia do programowania języka Python. Należy stosować następującą konwencję przywozową:

zaimportować pandas jako strukturę danych pd panda:
Seria: Jednowymiarowa tablica etykietowana, zdolna pomieścić dowolny typ danych. s=pd.series([3,-5,4,8], index=['a', 'b', 'c', 'd'])

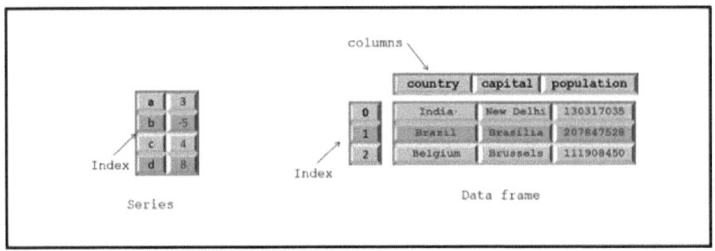

rys. 2.2 Serie reprezentacji pand i ramki danych

Ramki z danymi: Dwuwymiarowa, oznaczona struktura danych z kolumnami potencjalnie różnych typów.

data= {'country": ["Indie", "Brazylia", "Belgia"], "stolica": ["New Delhi", "Brasilia", "Bruksela"].

], "population":[130317035, 207847528,111908450]}

df=pd.DataFrame(dane, kolumna = ["kraj", "kapitał", "populacja"])

>>pip3 zainstalować pandas

Deklaracja porównawcza listy, tablicy, reprezentacji serii przy użyciu Pandas

<table>
<tr><td>

Seria
</td></tr>
<tr><td>

```
# import the pandas package import pandas as pd
importować numpy jako np. # Seria
# - jedno wymiarowa funkcja defrakcji tablicy1():
# lista

l1 = [10, 20, 30, 40, 50]

print(f"l1 = {l1}, type = {type(l1)}") # uszeregowanie
a1 = np.array([10, 20, 30, 40, 50])

print(f"a1 = {a1}, type = {type(a1)}") # seriale
s1 = pd.Series([10, 20, 30, 40, 50])

print(f"s1 = {s1}, type = {type(s1)}")

funkcja1()
```
</td></tr>
</table>

Przykład poniżej krajów jako pierwsza tablica, a populacji jako druga tablica. Generalnie indeksowanie zaczyna się od 0 do n-1 pozycji. Pamiętanie o liczbie ludności i wartości indeksu w celu uzyskania informacji o kraju i jego szczegółach staje się bardzo trudne. Możemy po prostu reprezentować kraje o największej populacji, w serii możemy po prostu przypisać indeks = populacja. Teraz możemy pobrać rekordy według jego liczby ludności.

Uwaga: Kraje i populacja to obiekty, które przechowują tablicę numerową.

<table>
<tr><td>

Seria
</td></tr>
<tr><td>

```
Funkcja def3():

kraje = np.array(["indie", "usa", "uk", "japonia", "australia"])
populacja = np.array([130, 100, 80, 50, 70])
# dla indeksu w zakresie(len(kraje)):

#print          (f"{countries[index]}      has      population
{population[index]}") countries_series_1 = pd.Series(countries)
print(kraje_series_1)

print(f"values = {countries_series_1.values}")
```
</td></tr>
</table>

```
print(f"index = {countries_series_1.index}") print(f"value at 0 =
{countries_series_1[0]}")        print(f"value      at      4      =
{countries_series_1[4]}") print("-" * 40)
countries_series_2     =     pd.Series(kraje,     index=population)
print(kraje_series_2)
print(f"values = {countries_series_2.values}")   print(f"index =
{countries_series_2.index}")       print(f"value    at    130    =
{countries_series_2[130]}")        print(f"value    at    70    =
{countries_series_2[70]}") print("-" * 40)
countries_series_3    =    pd.Series(population,    index=countries)
print(countries_series_3)
print(f"values = {countries_series_3.values}")   print(f"index =
{countries_series_3.index}")       print(f"value    at    india    =
{countries_series_3['india']}")
print(f"value at australia = {countries_series_3['australia']}") print("-
" * 40)
funkcja3()
```

Innym sposobem na pobranie klucza (indeksu) i pary wartości jest użycie słownika podstaw pythona.

Seria
funkcja def4():
# słownik
pracownik = {"nazwisko": "Douglas", "Płeć": "Mężczyzna", "Wynagrodzenie": 97303, "Zespół": "Marketing"} # seriale
s1 = pd.Series(employee) print(s1) print(f"name = {s1['name']}")
funkcja4()

Przechowywanie danych w ramkach danych

Ramki danych

```
import pand jako pd import numpy jako np. funkcja defl():
Pracownicy = [

{"imię": "Douglas", "Płeć": "Mężczyzna", "Wynagrodzenie":
97303, "Drużyna": {"Marketing"},

{"imię": "Maria", "Płeć": "Kobieta", "Wynagrodzenie": 107303,
"Drużyna": "HR", "email": {"maria@test.com",
{"imię": "Jerry", "Płeć": "Mężczyzna", "Wynagrodzenie": 88303,
"Drużyna": "Rozwój" {"Development")}

]

df = pd.DataFrame(pracownicy) print(df)
print(f"type of df = {type(df)}")

funkcja1()
```

Odczytywanie wartości z plików .csv lub domyślnie wprowadzanie rekordów. Uwaga: przykład użycia pliku .csv jest pobierany z repozytorium UCI, zbiór danych Kaggle.

Ramki danych

Funkcja def2():

```
# df = pd.read_csv('./customers.csv') # print(df)
# df = pd.DataFrame([10, 20, 30, 40, 50]) # print(df)
df1 = pd.DataFrame([

[10, 20, 30, 40, 50],

[60, 70, 80, 90, 100]

])

print(df1) print("-" * 40)
df2 = pd.DataFrame([

[10, 60],

[20, 70],

[30, 80],

[40, 90],
```

```
[50, 100]

])
print(df2) funkcja2()
```

Przeprowadzanie analizy danych eksploracyjnych przy użyciu ramek danych

Uwaga: przykład użycia pliku .csv jest pobierany z repozytorium UCI, zestaw danych Kaggle.

Ramki danych

#Exploratory Data Analysis (EDA) def function3():
df = pd.read_csv('clients.csv') print(df)
#atrybuty
 	
print(f"values = {df.values}, type = {type(df.values)}") #data values
print(f"dtypes = {df.dtypes}") #data types
print(f"columns = {df.columns}")#column heads print(f"is empty = {df.empty}")#is data is empty print(f"shape = {df.shape}")#check shape
print(f"ndim = {df.ndim}")#wymiar kontrolny może również mówić seria print(f"index = {df.index}")#indexs
#methods print(df.head(10)) print(df.tail(10)) print(df.info()) #info of data print("--"*40)
print(df.describe())#statistic data
 	
funkcja3()

2.3.3. Matplotlib

Matplotlib jest biblioteką wykresów 2D pythona, która produkuje figury w jakości do publikacji w różnych formatach papierowych i interaktywnym środowisku na całej platformie.

Działka ciasta
importować zdrętwiały jak np. import matplotlib.pyplot jako wynagrodzenia plt = [30, 40, 50, 60, 90]

etykiety = ['HTML', 'Python', 'ML', 'DevOps', 'Device Driver'] eksplodują = [0, 0, 0.1, 0, 0] plt.title("Wynagrodzenia z różnych tytułów zawodowych") plt.pie(pensje, etykiety=naklejki, explode=wybuch, shadow=prawda, autopct='%1.0f%%', wedgeprops={"edgecolor": "czarny"}) plt.tight_layout() plt.savefig('salaries.png') plt.show()

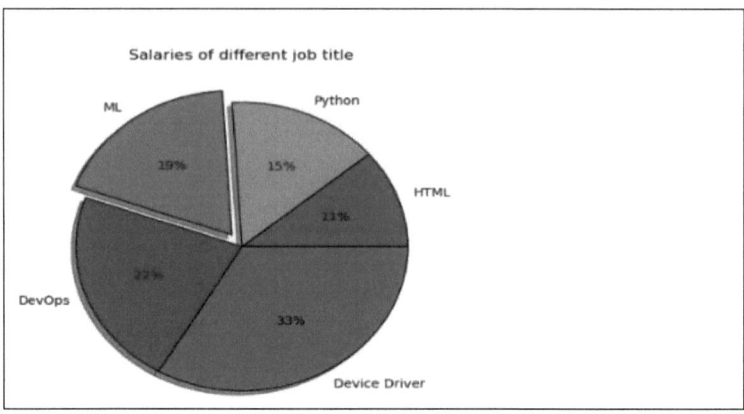

Wykresy rozpraszające 2 D, 3 D wykresy

2 D, drukowanie 3D
importować zdrętwiały jak np. import matplotlib.pyplot jako plt z mpl_toolkits.mplot3d import Axes3D z sklearn.datasets import make_circles x, y = make_circles(n_samples=100, noise=0.10) # plt.scatter(x[:, 0][y == 0], x[:, 1][y == 0], color="red") # plt.scatter(x[:, 0][y == 1], x[:, 1][y == 1], color="green") # trzeci wymiar # z = x ^ 2 + y ^ 2 z = x[:, 0] ** 2 + x[:, 1] ** 2 # 2d kolory = np.array(["czerwony", "zielony"]) plt.scatter(x[:, 0], x[:, 1], color=colors[y])
3d Fig = plt.figure() ax = fig.add_subplot(111, projection="3d") ax.scatter(x[:, 0], x[:, 1], z, color=colors[y]) plt.tight_layout() plt.show()

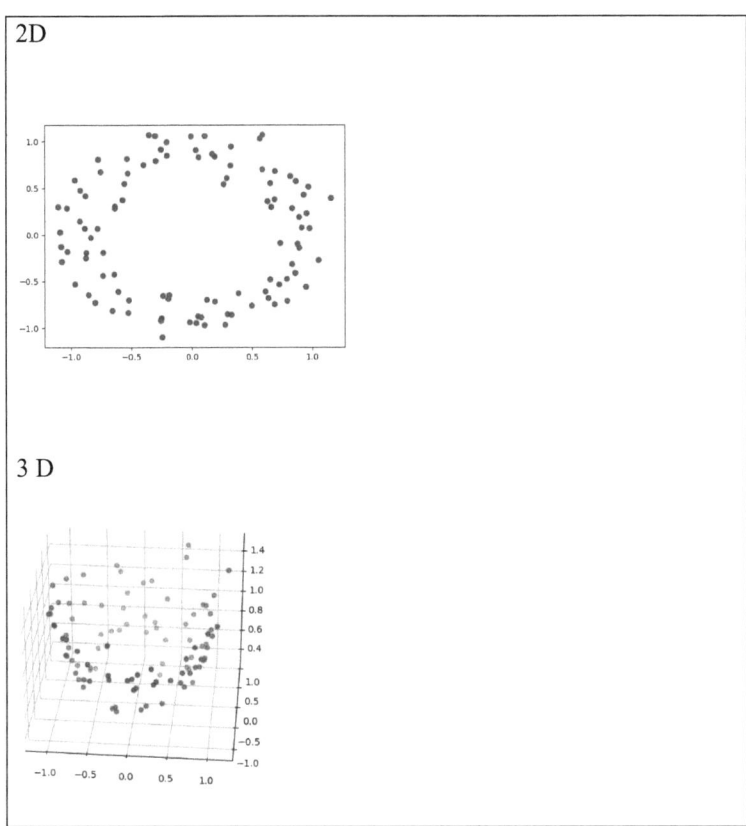

2D

3 D

Seaborn to biblioteka wizualizacji danych Pythona oparta na matplotlibie. Stanowi ona wysokopoziomowy interfejs do rysowania atrakcyjnej i informacyjnej grafiki statystycznej.

Biblioteka Pythona Seaborna jest używana w celu ułatwienia wizualizacji danych i jest oparta na Matplotlibie. Seaborn pozwala na tworzenie grafiki statystycznej poprzez następujące funkcjonalności:

API, które opiera się na zbiorach danych umożliwiających porównanie wielu zmiennych

Obsługuje wielopłaszczyznowe siatki, które z kolei ułatwiają tworzenie złożonych wizualizacji

Uniwarygodne i dwuwarstwowe wizualizacje dostępne do porównania między podzbiorami danych

Dostępność różnych palet kolorów do ujawniania różnego rodzaju wzorów

Oszacowania i działki regresji liniowej automatycznie Matplotlib vs seaborn Matplotlib ułatwia, graficzne odwzorowanie, trudno jest odwzorować niezależne, bezpośrednio proporcjonalne wartości do każdego parametru.

Biblioteka Seaborn'a dostarcza pary do pary działek, każdy z nich może być wykreślony. Niezależne wartości wprost proporcjonalne do każdego parametru.

Para działek
import pandas jako pd import numpy jako np. import matplotlib.pyplot as plt import seaborn as sns ds = sns.load_dataset('titanic') ds.head() sns.pairplot(ds, hue='embark_town',diag_kind='kde')

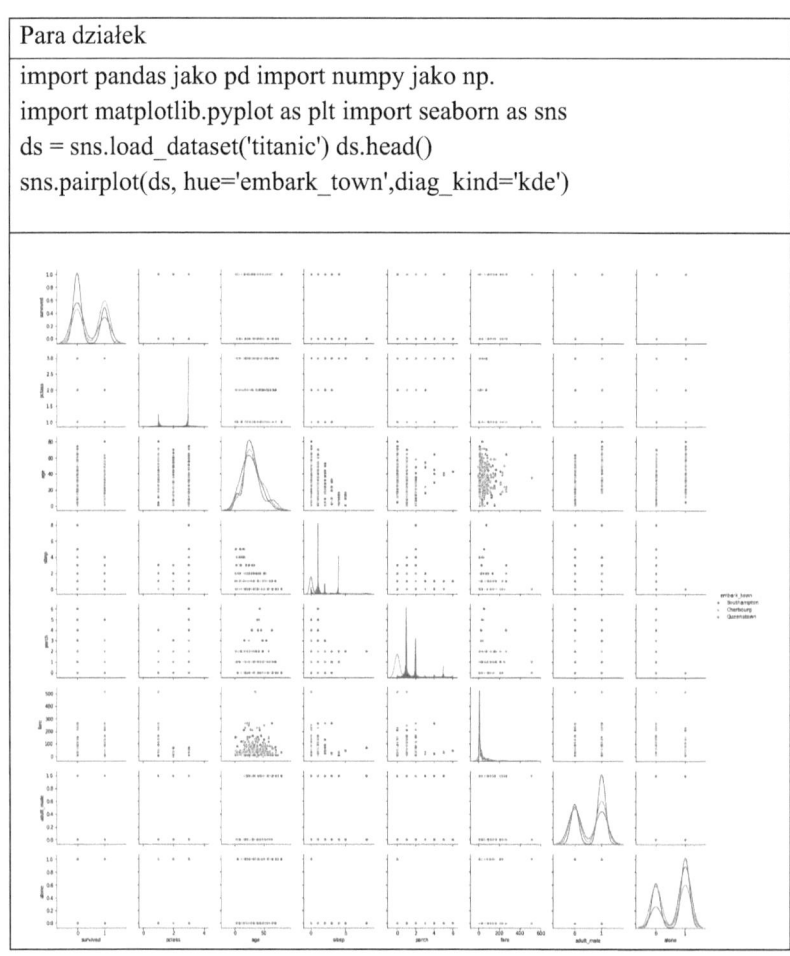

Jointplot
import pandas jako pd import numpy jako np. import matplotlib.pyplot as plt import seaborn as sns ds = sns.load_dataset('titanic') ds.head() sns.jointplot(x="wiek", y="parch", data=ds, kind="hex")
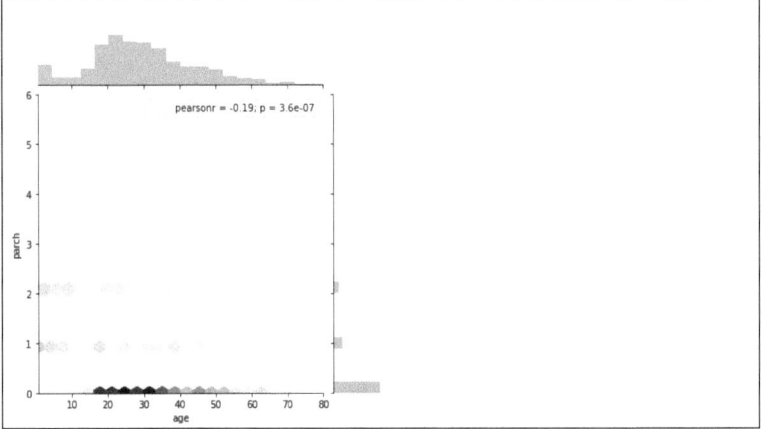

2.3.5. Scikit uczyć się

Scikit-learn jest otwartoźródłową biblioteką Pythona do nauki maszynowej. Biblioteka obsługuje najnowocześniejsze algorytmy, takie jak KNN, XGBoost, random forest, SVM, między innymi. Jest ona zbudowana na bazie Numpy. Scikit-learn jest szeroko stosowany w konkurencji kaggle, jak również w czołowych firmach technologicznych. Scikit-learn pomaga w przetwarzaniu wstępnym, redukcji wymiarowości (doborze parametrów), klasyfikacji, regresji, grupowaniu i wyborze modelu.

Sklearn-extension:
rozszerzenia scikit-learn są pojedynczym repozytorium źródłowym dla rozszerzeń do [scikit-learn].

ma to na celu uzupełnienie wolniejszego, bardziej ostrożnego podejścia scikit-learn w odniesieniu do dodawania nowych predyktorów i modułów, z oddzielnym, instalowanym w rurze źródłem dla modułów kompatybilnych ze sklearnem, które mogą nie spełniać tych standardów.

>> pip3 zainstalować scikit-learn

Próbka Regresja liniowa

import numpy jak np. import pandas jak pd
import matplotlib.pyplot jako plt
 	
od sklearn.line_model import LinearRegression
 	
z   sklearn.model_selection   zaimportować   train_test_split,
cross_val_score # załadować dane
df = pd.read_csv('./real_estate_price_size.csv') # identyfikacja wejścia
i wyjścia
x = df.drop("cena", oś=1) y = df["cena"]
# zbuduj model accuracy_values = [] dla indeksu w zakresie(5): 	
x_train, x_test, y_train, y_test = train_test_split(x, y, train_size=0,8)
model = LinearRegression()
model.fit(x_train, y_train)
 	
scores = cross_val_score(model, x_train, y_train) # print(f"scores =
{scores}")
print(f"final score at {index} = {np.mean(scores) * 100:0.2f}")
accuracy_values.append(np.mean(scores))
print(f"accuracy = {np.mean(accuracy_values) * 100:0.2f}%")

2.3.6. Joblib

Joblib jest zestawem narzędzi do zapewnienia lekkiego pipelingu w Pythonie. W szczególności: przezroczyste wykopy funkcji i leniwa ponowna ocena (memoize pattern) łatwe, proste obliczenia równoległe.

Joblib to zestaw narzędzi zapewniających lekkie orurowanie w pythonie. W szczególności:

Przejrzysty wykop funkcji i leniwa ponowna ocena

Łatwe, proste obliczenia równoległe

Joblib jest zoptymalizowany do szybkiej i solidnej pracy na dużych danych, a także posiada specyficzną optymalizację dla tablicy numpy.

>>pip install joblib

```
Przykładowy kod dla joblib
importować zdrętwiały jak np.
z importu joblib Funkcja def równoległa, opóźniona (max_wartość):
# Randomly generate integer up to a maximum value. return
np.random.randint(max_value, size=5)
n_wektory = 5

random_vector = [funkcja(10) for _ in range(n_vectors)] print('\n
Generated vectors in a sequence :\n {}')
.format(np.array(random_vector)))

funkcja(6)
```

2.3.7. Flask

Web Application Framework lub po prostu Web Framework reprezentuje zbiór bibliotek i modułów, który umożliwia twórcy aplikacji internetowych pisanie aplikacji bez konieczności zajmowania się niskopoziomowymi szczegółami, takimi jak protokoły, zarządzanie wątkami itp.

Flask to internetowy framework aplikacji napisany w Pythonie. Rozwija go Armin Ronacher, który prowadzi międzynarodową grupę entuzjastów Pythona o nazwie Pocco. Flask jest oparty na zestawie narzędzi Werkzeug WSGI i silniku szablonów Jinja2.

Flask to mikrointernetowy framework napisany w Pythonie. Jest on klasyfikowany jako mikroramka, ponieważ nie wymaga szczególnych narzędzi ani bibliotek. Nie posiada warstwy abstrakcji bazodanowej, walidacji formularzy ani żadnych innych komponentów, gdzie wcześniej istniejące biblioteki innych firm zapewniają wspólne funkcje.

>> pip3 zainstalować Flask

```
Kod kolby próbnej
from flask import Flask app = Flask( name ) @app.route("/")
def home():

wrócić    "Witaj,    Flask!"    @app.route("/hello/<name>")    def
hellothere(name):
now = datetime.now()
```

```
formatted_now = now.strftime("%A, %d %B, %Y at %X")
# Przefiltruj argument nazwy na litery tylko przy użyciu wyrażeń
regularnych. Argumenty URL # mogą zawierać dowolny tekst,
więc ograniczamy się tylko do bezpiecznych znaków.
match_object = re.match("[a-zA-Z]+", nazwa) jeśli match_object:
clean_name = match_object.group(0) else:
clean_name = "hiii"
content = "Hello What's up, " + clean_name + "! To jest " +
formatted_now return content
```

2.3.8. Pickle

Moduł pikli pythonowych służy do serializacji i deserializacji struktur obiektów pythonowych. Proces przekształcania wszelkiego rodzaju obiektów pythonowych (listy, dyktanda, itp.) w strumienie bajtów (0s i 1s) nazywany jest trawieniem lub serializacją lub spłaszczaniem lub marshalowaniem.

Moduł pikli implementuje protokoły binarne do serializacji i deserializacji struktury obiektu Python. *"Pickling"* jest procesem, w którym hierarchia obiektów Pythona jest przekształcana na strumień bajtów, a *"unpickling"* jest odwrotną operacją, w której strumień bajtów (z pliku binarnego lub obiektu podobnego do bajtów) jest przekształcany z powrotem na hierarchię obiektów. Wytrawianie (i niepickling) jest alternatywnie nazywane "serializacją", "marszrutowaniem" 1 lub "spłaszczaniem"; jednak aby uniknąć pomyłek, użyto tutaj terminów "wytrawianie" i "niepickling".

• Wytrawianie: Jest to proces, w którym hierarchia obiektów Pythona jest przekształcana w strumień bajtów.

• Nieprzyjemne: Jest to odwrotność procesu Pickling, w którym strumień bajtów jest przekształcany w hierarchię obiektów.

Interfejs modułowy:

- dumps() - Funkcja ta jest wołana do serializacji hierarchii obiektów.
- loads() - Funkcja ta jest wołana w celu zdezerializowania strumienia danych.

Pickle

import pickle def store():
# inicjując dane, które mają być przechowywane w db 	
alicja = {"klucz": "alicja", "nazwa": "alicja w krainie czarów",
"wiek": 1, "wynagrodzenie": 2000}

```
alvin = {'key' : 'alvin', 'name' : 'alvin and chikmunks', 'age' : 3,
'pay' : 4000}
# database db = {}
db['alice'] = alice db['alvin'] = alvin
# Its important to use binary mode dbfile = open('sample', 'ab')
# source, destination pickle.dump(db, dbfile) dbfile.close()
Def load():

# do odczytu również tryb binarny jest ważny dbfile =
open('sample', 'rb')
db = pickle.load(dbfile) dla kluczy w db:
print(keys, '=>', db[keys]) dbfile.close()
jeśli nazwisko ____ == ' main ': store()
ładunek()
```

Rozdział 3: Algorytmy

Model najprawdopodobniej stosowany w różnych zastosowaniach

Model	Aplikacje
Regresja logistyczna	Przewidywanie cen
W pełni połączone sieci	Klasyfikacja
Konwolucyjne sieci neuronowe	Przetwarzanie obrazów
Obecne sieci neuronowe	Rozpoznawanie głosu
Las losowy	Wykrywanie oszustw
Uczenie się w zakresie wzmacniania	Nauka metodą prób i błędów
Modele generatywne	Tworzenie obrazu
K-znaczy	Segmentacja
k - Najbliższy sąsiad	Systemy rekomendacji
Klasyfikatory bayesowskie	Filtrowanie spamu i hałasu

Algorytm do wdrożenia w projektach:

3.1. Regresja logistyczna

Regresja logistyczna to algorytm regresji.

Regresja: Metoda regresji jest używana do przewidywania wartości zmiennej odpowiedzi (zależnej) od jednej lub więcej zmiennych predykcyjnych (niezależnych), gdzie zmienna jest numeryczna.

Regresja wykorzystuje istniejące wartości do prognozowania, jakie będą inne wartości.

W najprostszym przypadku, regresja wykorzystuje standardowe techniki statystyczne, takie jak regresja liniowa

Regresja logistyczna:

Regresja logistyczna jest nazywana dla funkcji używanej w rdzeniu metody, regresji logistycznej. Regresja logistyczna nazywana również funkcją esicy została opracowana przez statystyków w celu opisania właściwości wzrostu populacji w ekologii szybko rosnących i maksymalizujących zdolność nośną środowiska.

$$\frac{1}{1 + e^{-z}}$$

Reprezentacja używana do regresji logistycznej

Wartości wejściowe (x) są łączone liniowo przy użyciu wag lub wartości współczynnikowych [zwanych w języku greckim dużą literą beta] w celu przewidzenia wartości wyjściowej(y).

Kluczową różnicą w stosunku do regresji liniowej jest wartość wyjściowa (0 lub 1), a nie numeryczna.

Przykładowe równanie regresji logistycznej

$$y = e\ ^{\wedge}\ (b_0 + b_1 {}^* x)\ /\ 1 + e\ ^{\wedge}\ (b_0 + b_1 {}^* x)$$

Gdzie,

y = przewidywana wydajność
b0= stronniczość lub termin przechwytywania
b1 = współczynnik dla pojedynczej wartości wejściowej(x)

"Każda kolumna w danych wejściowych ma przypisany współczynnik b (stała rzeczywista wartość), który musi być uzyskany z danych szkoleniowych.

Wdrożenie:
1.   Importuj wymagane biblioteki

```
import numpy jak np. import pandas jak pd
import matplotlib.pyplot jako plt
```

2.   Importowanie wymaganego zbioru danych (.csv,.json itp.) to zapisy, które mają być przetwarzane.

```
# load the data
df = pd.read_csv('./breast_cancer.csv') # find x and y
x = df.drop("Klasyfikacja", oś=1)
y = df["Klasyfikacja"]
```

3. Przeprowadzanie analizy danych z badań poszukiwawczych

4. Przetwarzanie wstępne danych: podział danych i etykiet na szkolenia i testy. Szkolenia i testy są dzielone za pomocą biblioteki Sklearn.

```
# Podziel dane na pociąg i test
z sklearn.model_selection import train_test_split
x_train,  x_test,  y_train,  y_test=train_test_split        (x,  y,
        train_size=0.8, random_state=1234567)
def logistic_regression():
z   sklearn.line_model   import   LogisticRegressionCV   model   =
LogisticRegressionCV(max_iter=1000) model.fit(x_train, y_train)
model powrotny
```

5. Do oceny algorytmu wykorzystano metodę predykcji().

```
def   evaluate_model(model,   model_name):   y_predictions   =
model.predict(x_test)
z sklearn.metrics import accuracy_score
print(f'accuracy   of   {model_name}   =   {accuracy_score(y_test,
y_predictions) * 100: 0.2f}%")
```

6. Wywołanie funkcji

```
model_lr = logistic_regression()
evaluate_model(model_lr, "Regresja logistyczna")
```

Zalety:

Jeden z najprostszych maszynowych algorytmów uczenia się i jest łatwy do wdrożenia.

Przewidywane parametry (wytrenowane wagi) pozwalają wnioskować o ważności każdej z cech.

Algorytm ten pozwala na łatwą aktualizację modeli w celu odzwierciedlenia nowych danych, w przeciwieństwie do drzew decyzyjnych lub maszyn wektorowych.

Regresja logistyczna daje dobrze skalibrowane prawdopodobieństwa wraz z wynikami klasyfikacji.

Wady:

Identyfikacja zmiennych niezależnych.

Zmienne o ograniczonym wyniku.

Wymagane niezależne obserwacje.

Wyposażenie modelu

3.2. K - Najbliższy sąsiad

K nearest Neighbor (KNN) jest techniką klasyfikacji, która wykorzystuje wersję tej samej metody. Decyduje ona, w której klasie umieścić nowy przypadek, badając jakąś liczbę k w k najbliższego sąsiada najbardziej podobnych przypadków lub sąsiada.

Zlicza on liczbę spraw do każdej z nich i przypisuje nową sprawę do tej samej klasy, do której należy większość jego sąsiadów.

Pierwszą rzeczą, którą należy zrobić, aby zastosować KNN, jest znalezienie miary odległości między atrybutami w danych, a następnie obliczenie.

Jest to nadzorowana metoda nauki. Jeśli k= 6
Wybiera 6 najbliższych sąsiadów

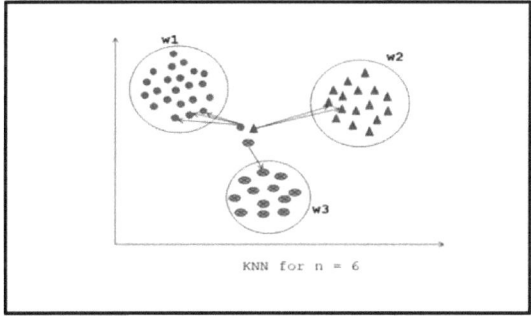

Algorytm

1: Wraz z nową próbą podaje się dodatnią liczbę całkowitą k.

2: Wybieramy k wpisów w naszej bazie danych, które są najbliższe nowej próbce. 3:

Znajdujemy najczęstszą klasyfikację tych wpisów.
4: klasyfikacja ta daje nową próbkę.

Aby znaleźć odległość euklidesową pomiędzy dwoma punktami lub tuplami, poniżej podano wzór: Niech,
Y1= {y11, y12, y13, ..., y1n}

Y2= {y21, y22, y23, ..., y2n}

$$\text{Distance (Y1, Y2)} = \sqrt{\sum_{i=1}^{n} (Y_{1i} - Y_{2i})^2}$$

Wdrożenie:

1. Importuj wymagane biblioteki

```
import numpy jak np. import pandas jak pd
import matplotlib.pyplot jako plt
```

2. Importowanie wymaganego zbioru danych (.csv,.json itp.) to zapisy, które mają być przetwarzane.

```
# load the data

df = pd.read_csv('./breast_cancer.csv') # find x and y
x = df.drop("Klasyfikacja", oś=1)

y = df["Klasyfikacja"]
```

3. Przeprowadzanie analizy danych z badań poszukiwawczych

4. Przetwarzanie wstępne danych: podział danych i etykiet na szkolenia i testy. Szkolenia i testy są dzielone za pomocą biblioteki Sklearn.

```
# Podziel dane na pociąg i test

z sklearn.model_selection import train_test_split

x_train,   x_test,   y_train,   y_test=train_test_split        (x,
           y,        train_size=0.8, random_state=1234567)
def knn():

od sklearn.neighbors import KNeighborsClassifier

model          =          KNeighborsClassifier(n_neighbors=5,
metric='manhattan') model.fit(x_train, y_train)
model powrotny
```

5. Do oceny algorytmu wykorzystano metodę predykcji ().

```
def  evaluate_model(model,  model_name):  y_predictions  =
model.predict(x_test)
z sklearn.metrics import accuracy_score
```

```
print(f"accuracy of {model_name} = {accuracy_score(y_test,
y_predictions) * 100:

0.2f}%")
```

6. Wywołanie funkcji

```
model_knn = knn()
assess_model(model_knn, "KNN")
```

Zalety:

Proces KNN jest przejrzysty, jest łatwy do wdrożenia i debugowania.

W sytuacji, gdy użyteczne jest wyjaśnienie wyjścia klasyfikatora, KNN może być bardzo skuteczny, jeśli przydatna jest analiza sąsiadów.

Istnieją pewne techniki redukcji hałasu, które działają tylko dla KNN, które mogą być skuteczne w poprawie dokładności klasyfikatora.

Wady:

Ponieważ cała praca jest wykonywana w czasie biegu może mieć słabe wyniki w czasie biegu, jeśli zestaw treningowy jest duży.

KNN jest bardzo wrażliwy na nieistotne lub zbędne cechy, ponieważ wszystkie cechy przyczyniają się do podobieństw, a tym samym do klasyfikacji.

Można to rozwiązać za pomocą starannego doboru funkcji lub ważenia funkcji.

3.3. Obsługa maszyny wektorowej

Klasyfikator liniowy: mamy dane z dwóch klas (o lub X) rozmieszczonych w sposób przedstawiony poniżej. Aby rozróżnić te dwie klasy, każdy może narysować dowolną linię.

Wszystkie "0" znajdują się po jednej stronie linii, a "x" po drugiej stronie linii. Te dwie klasy są nazywane liniowo rozdzielne.

Lokalizacja ekstraktu linii dyskryminującej (lub płaszczyzny lub hiperpłaszczyzny) zależy od typu klasyfikatora zwanego klasyfikatorem liniowym.

Przykład klasyfikatora liniowego:

- Liniowy dyskryminujący klasyfikator

- Naiwni Bayes

- Regresja logistyczna

- Perceptron

- SVM

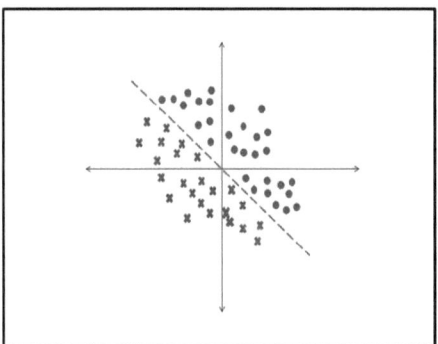

Obsługa maszyny wektorowej:
Support Vector: support vector to punkt danych najbliższy hiperpłaszczyzny, punkt zbioru danych, który po usunięciu zmieniłby pozycję hiperpłaszczyzny nurkowej.

SVM jest klasyfikacją dyskryminacyjną formalnie zdefiniowaną przez oddzielenie hiperpłaszczyzny.

SVM jest nadzorowanym algorytmem uczenia się, który może być stosowany zarówno do celów klasyfikacji, jak i regresji.

Podane oznaczone dane szkoleniowe (nadzorowane uczenie się) algorytm daje optymalną hiperpłaszczyznę, która klasyfikuje nowy przykład.

W przestrzeni 2-D ta hiperpłaszczyzna jest linią dzielącą płaszczyznę na dwie części, gdzie w każdej klasie leży po obu stronach.

SVM opiera się na idei znalezienia hiperpłaszczyzny, która najlepiej dzieli zbiór danych na 2 klasy.

Wdrożenie:
1.   Importuj wymagane biblioteki

```
import numpy jak np. import pandas jak pd
import matplotlib.pyplot jako plt
```

2.   Importowanie wymaganego zbioru danych (.csv,.json itp.) to zapisy, które mają być przetwarzane.

```
# load the data
df = pd.read_csv('./breast_cancer.csv') # find x and y
```

```
x = df.drop("Klasyfikacja", oś=1)
y = df["Klasyfikacja"]
```

3.   Przeprowadzanie analizy danych z badań poszukiwawczych

4.   Przetwarzanie wstępne danych: podział danych i etykiet na szkolenia i testy. Szkolenia i testy są dzielone za pomocą biblioteki Sklearn.

5.   Przepowiadanie decyduje o jądrze= "liniowe", potrzeba dopasowania ()

```
# Podziel dane na pociąg i test

z sklearn.model_selection import train_test_split

x_train,    x_test,   y_train,   y_test=train_test_split
            (x,       y,         train_size=0.8,
random_state=1234567)
def svm():

z importu sklearn.svm model SVC = SVC (kernel="linear")
model.fit(x_train, y_train)
model powrotny
```

6.   Do oceny algorytmu wykorzystano metodę predykcji ().

```
def evaluate_model(model, model_name): y_predictions =
model.predict(x_test)
z sklearn.metrics import accuracy_score
print(f"accuracy of {model_name} = {accuracy_score(y_test,
y_predictions) * 100: 0.2f}%")
```

7.   Wywołanie funkcji

```
model_svm = svm()

evaluate_model(model_svm, "Support Vector Machine")
```

Zalety:

- Bardzo stabilny, ponieważ zależy tylko od wektorów wsparcia. Nie ma wpływu na żaden inny punkt danych, w tym na wartości obce.

- Może być dostosowany do problemów klasyfikacji lub przewidywania liczbowego

- Zdolny do modelowania stosunkowo bardziej złożonych wzorów niż prawie każdy inny algorytm

- Nie przyjmuje żadnych założeń co do podstawowych zbiorów danych

- Unikanie przebudowy

Wady:

Wybranie "dobrej" funkcji jądra nie jest łatwe.

Długi czas szkolenia dla dużych zbiorów danych.

66

Trudne do zrozumienia i interpretacji końcowego modelu, zmienne wagi i indywidualne oddziaływanie.

Ponieważ ostateczny model nie jest tak łatwy do zobaczenia, nie możemy wykonać małych kalibracji modelu, dlatego trudno jest uwzględnić w nim naszą logikę biznesową.

3.4. Drzewo decyzyjne

Uczenie się drzew decyzyjnych jest jednym z podejść do modelowania prognostycznego stosowanego w statystyce, eksploracji danych i uczeniu się maszynowego. Wykorzystuje ono drzewo decyzyjne (jako model prognostyczny), aby przejść od obserwacji dotyczących przedmiotu (reprezentowanego w gałęziach) do wniosków dotyczących jego wartości docelowej (reprezentowanej w liściach). Modele drzewiaste, w których zmienna docelowa może przyjmować dyskretny zestaw wartości, nazywane są drzewami klasyfikacyjnymi; w tych strukturach drzewa liście reprezentują etykiety klas, a gałęzie reprezentują powiązania cech, które prowadzą do tych etykiet klas. Drzewa decyzyjne, w których zmienna docelowa może przyjmować wartości ciągłe (zazwyczaj liczby rzeczywiste) nazywane są drzewami regresji. Drzewa decyzyjne są jednymi z najbardziej popularnych algorytmów uczenia maszynowego ze względu na ich zrozumiałość i prostotę.

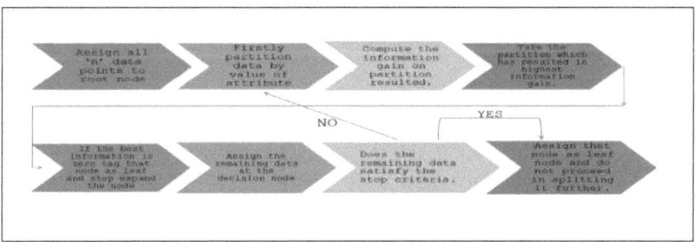

fig. proces decyzyjny drzewo decyzyjne

Wdrożenie:
1. Importuj wymagane biblioteki

```
import numpy jak np. import pandas jak pd
import matplotlib.pyplot jako plt
```

2. Importowanie wymaganego zbioru danych (.csv,.json itp.) to zapisy, które mają być przetwarzane.

```
# load the data
df = pd.read_csv('./breast_cancer.csv') # find x and y
x = df.drop("Klasyfikacja", oś=1)
y = df["Klasyfikacja"]
```

3.   Przeprowadzanie analizy danych z badań poszukiwawczych

4.   Przetwarzanie wstępne danych: podział danych i etykiet na szkolenia i testy.
Szkolenia i testy są dzielone za pomocą biblioteki Sklearn.

```
# Podziel dane na pociąg i test
z sklearn.model_selection import train_test_split
x_train,   x_test,   y_train,   y_test=train_test_split        (x,
            y,       train_size=0.8, random_state=1234567)
def decision_tree():
z   sklearn.tree   import   DecisionTreeClassifier   model   =
DecisionTreeClassifier(max_depth=2) print(model.get_params())
model.fit(x_train, y_train)

model powrotny
```

5.   Do oceny algorytmu wykorzystano metodę predykcji().

```
def   evaluate_model(model,   model_name):   y_predictions   =
model.predict(x_test)
z sklearn.metrics import accuracy_score
print(f"accuracy of {model_name} = {accuracy_score(y_test,
y_predictions) * 100: 0.2f}%")
```

6.   Wizualizacja drzewa decyzyjnego

•   Przejdź do strony internetowej graphiviz:

http://wingraphviz.sourceforge.net/wingraphviz/

•   Setup environment variables, path="; c:\ Program Files
(x86)\Graphviz2.38\bin;"

•   Zapisz ścieżkę

•   Otwórz Prompt i sprawdź ścieżkę "Graphviz". Na polecenie Prompt: >>
pip zainstaluj graphviz-2.38

```
def visualize_result(model):

z sklearn.tree import export_graphviz # tworzy plik o nazwie
tree.dot
export_graphviz(model,out_file="tree.dot",feature_names=x_t
rain.columns,class_names='t
arget", wypełnione=Prawda)
```

7. Wywołanie funkcji

```
model_dt = decision_tree()
assess_model(model_dt,          "Decision          Tree")
visualize_result(model_dt)
```

Zalety:

Łatwość zrozumienia: Sposób, w jaki drzewo decyzyjne jest przedstawione w formie graficznej, sprawia, że jest ono łatwe do zrozumienia dla osoby o podłożu nieanalitycznym.

Poszukiwanie danych: Uzyskiwanie istotnych zmiennych jest podstawową funkcjonalnością drzewa decyzyjnego i korzystając z tego samego, można w trakcie eksploracji danych dowiedzieć się, która zmienna wymagałaby szczególnej uwagi w trakcie eksploracji danych i fazy modelowania.

Na etapie przygotowywania danych jest bardzo mało interwencji człowieka i w wyniku tego czasu zużywa się mniej czasu na ich czyszczenie.

Drzewo decyzyjne jest w stanie obsługiwać zarówno zmienne kategoryczne, jak i numeryczne, a także rozwiązywać problemy związane z klasyfikacją wielu klas.

Wady:

Niewielka zmiana danych może spowodować dużą zmianę w strukturze drzewa decyzyjnego, powodując niestabilność.

Drzewo decyzyjne często wymaga więcej czasu na przeszkolenie modelu.

Szkolenie w zakresie drzew decyzyjnych jest stosunkowo kosztowne, ponieważ jest bardziej złożone i czasochłonne.

Algorytm drzewa decyzyjnego jest nieodpowiedni do zastosowania regresji i przewidywania wartości ciągłych.

3.5. Las losowy

Ensemble: grupa elementów postrzegana jako całość, a nie indywidualnie.

Nauka: Postrzeganie istotnych informacji/uzyskiwanie wiedzy poprzez naukę, doświadczenia z przeszłości.

Ensemble Learning:

Ensemble Learning jest maszynową Techniką Nauczania, która współpracuje z kilkoma podstawowymi modelami w celu uzyskania optymalnego modelu predykcyjnego. Jest to proces łączenia wielu klasyfikatorów w celu rozwiązania każdego złożonego problemu, aby poprawić wydajność modelu.

Random Forest jest częścią nauki zespołowej. Las losowy jest klasyfikatorem, który zawiera "n" liczbę drzew decyzyjnych na różnych podzbiorach danego zbioru danych i przyjmuje średnią o poprawę dokładności predykcyjnej tego zbioru danych.

Przypadkowy las bierze prognozę dla każdego drzewa i na podstawie większości głosów przewidywań, i przewiduje ostateczny wynik.

Obserwacja jest, jeśli ich maksymalna liczba drzew w lesie prowadzi do większej dokładności i pozwala uniknąć problemu przebudowy.

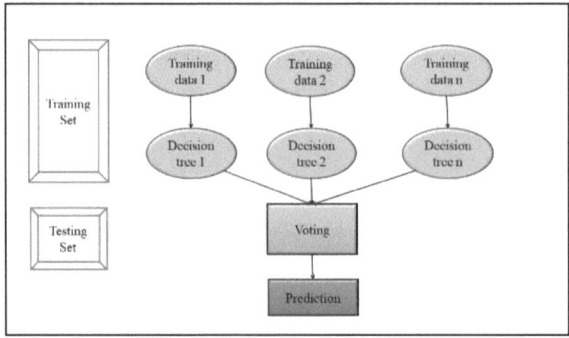

Rys. Przedstawienie lasu losowego Dwie metody konstruowania lasu losowego:
Forest RI (losowy wybór wejścia)

- Wybiera on losowo atrybuty N dla podziału w węźle.

- Wykorzystuje ona metodologię CART, która pozwala drzewu rosnąć do maksymalnego rozmiaru.

Lasy RC (Kombinacje liniowe losowe)

Bazując na istniejących atrybutach, tworzy nowe atrybuty

Zmniejsza to korelację pomiędzy poszczególnymi klasyfikatorami.

Wdrożenie:

1. Importuj wymagane biblioteki

```
import numpy jak np. import pandas jak pd
import matplotlib.pyplot jako plt
```

2. Importowanie wymaganego zbioru danych (.csv,.json itp.) to zapisy, które mają być przetwarzane.

```
# load the data

df = pd.read_csv('./breast_cancer.csv') # find x and y
x = df.drop("Klasyfikacja", oś=1)

y = df["Klasyfikacja"]
```

3. Przeprowadzanie analizy danych z badań poszukiwawczych

4. Przetwarzanie wstępne danych: podział danych i etykiet na szkolenia i testy. Szkolenia i testy są dzielone za pomocą biblioteki Sklearn.

```
# Podziel dane na pociąg i test

z sklearn.model_selection import train_test_split

x_train,  x_test,  y_train,  y_test=train_test_split
            (x,      y,       train_size=0.8,
random_state=1234567)
def random_forest():

z  importu  sklearn.ensemble  RandomForestClassifier  #
n_estimators = liczba drzew rosnących w lesie model =
RandomForestClassifier(n_estimators=10)   model.fit(x_train,
y_train)
model powrotny
```

5. Do oceny algorytmu wykorzystano metodę predykcji ().

```
def evaluate_model(model, model_name): y_predictions =
model.predict(x_test)
z sklearn.metrics import accuracy_score
print (f"accuracy of {model_name} = {accuracy_score(y_test,
y_predictions) * 100: 0.2f}%")
```

6. Wywołanie funkcji

```
model_rf = random_forest ()
assess_model(model_rf, "random forest")
```

Zalety:

Zdolność do wykonywania zarówno zadań klasyfikacji, jak i regresji.

Zdolność do obsługi ogromnego zbioru danych o większej wymiarowości.

Zwiększenie dokładności modelu i uniknięcie przebudowy.

Zidentyfikuj cechy z zestawu danych szkoleniowych, tj. inżynieria cech.

Wady:

Niezdolny do zadania regresji.

3.6. Ekstremalna maszyna do nauki

ELM jest feed forwardem sieci neuronowych do klasyfikacji, regresji, grupowania, skąpych aproksymacji, kompresji i uczenia się funkcji z pojedynczą warstwą lub wieloma warstwami ukrytych węzłów, gdzie parametry ukrytych węzłów (nie tylko wagi łączące wejścia z ukrytymi węzłami) nie muszą być dostrajane. Te ukryte węzły mogą być losowo przypisane i nigdy nie są aktualizowane (tzn. są rzutowane losowo, ale z nieliniowymi przekształceniami), lub mogą być dziedziczone po swoich przodkach bez zmiany. W większości przypadków masa wyjściowa ukrytych węzłów jest zwykle uczona w jednym kroku, co w zasadzie sprowadza się do nauki modelu liniowego. Nazwa "maszyna do ekstremalnego uczenia się" (ELM) została nadana takim modelom przez ich głównego wynalazcę Guang-Bin Huanga.

Wydajne dla wielowarstwowej ELM, auto-enkodera i uczenia się funkcji, PCA i projektów losowych są szczególnymi przypadkami ELM, gdy używane są neurony liniowe.

Regulacja wag wyjściowych, teorie regresji grzbietowej, teorie wydajności sieci neuronowych (maksymalny margines w przypadkach klas binarnych), SVM i LS-SVM stanowią rozwiązania nieoptymalne.

Proponowana architektura jest podzielona na dwa główne składniki:

samouczek, po którym następuje nadzorowana klasyfikacja obiektów.

są one mostkowane przez losowo zainicjowane ukryte ciężary. Nowości w tym artykule są następujące:

Bez nadzoru prowadzone jest kodowanie wielowarstwowe do ekstrakcji cech, a dzięki 1 ograniczeniu opracowywany jest auto-koder oparty na ELM. W ten sposób uzyskuje się bardziej kompaktowe i znaczące odwzorowanie cech niż w przypadku oryginalnej ELM.

Dzięki wykorzystaniu zalet losowego mapowania cech ELM, hierarchicznie zakodowane wyjścia są losowo wyświetlane przed podjęciem zerowej decyzji, co prowadzi do lepszego uogólnienia z większą prędkością uczenia się.

Punkty do zapamiętania o ELM

Nowy algorytm uczenia się dla sieci Neuronowych Jednowarstwowych Kanałów Ukrytych w porównaniu z CNN pokonuje powolne tempo treningu i problemy z dopasowaniem.

ELM jest używany w różnych dziedzinach i zastosowaniach z powodu zdolności generalizacji, solidności, zdolności kontrolowania, szybszego tempa nauki.

Ma on kluczową siłę, jaką jest znacząco niski czas obliczeniowy.

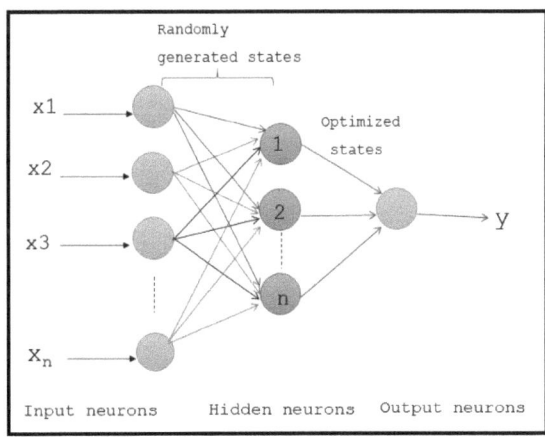

Maszyna do nauki ekstremalnej

Wdrożenie:
1. Importuj wymagane biblioteki

```
importować zdrętwiały jak np.
import matplotlib.pyplot jako plt import pandas jako pd
z sklearn.metrics import accuracy_score
joblib z importu
```

2. Importowanie wymaganego zbioru danych (.csv,.json itp.) to zapisy, które mają być przetwarzane.

```
df = pd.read_csv('cancer.csv') df.replace('?',-99999,inplace=True)
df.drop(['id'],1,inplace=True)
df['bare_nuclei'] = df['bare_nuclei'].apply(lambda x: int(x))
X=np.array(df.drop(['classes'],1))
y=np.array(df["classes"])
```

3. Przeprowadzanie analizy danych z badań poszukiwawczych

4. Przetwarzanie wstępne danych: podział danych i etykiet na szkolenia i testy. Szkolenia i testy są dzielone za pomocą biblioteki Sklearn.

```
# Podziel dane na pociąg i test
z sklearn.model_selection import train_test_split
X_train, X_test, y_train, y_test = train_test_split(X, y, test_size = 0,35, random_state = 42)
```

5. Standardowy skalar: Dane z wejściem dtype int64 zostały przekonwertowane na float64 przez StandardScaler.

```
def elm():

od sklearn.preprocessing import StandardScaler sc =
StandardScaler()
xtr = sc.fit_transform(X_train) xte = sc.transform(X_test)
z sklearn_extensions.extreme_learning_machines.elm import
ELMClassifier

model=ELMClassifier              (n_hidden=100
         ,activation_func='tanh'          ,alpha=0,81
         ,random_state=1 )
model.fit(xtr, y_train)

model powrotny
```

6. Do oceny algorytmu wykorzystano metodę predykcji ().

```
def evaluate_model(model, model_name): y_predictions =
model.predict(X_test)
z sklearn.metrics import accuracy_score
print(f'accuracy of {model_name} = {accuracy_score(y_test,
y_predictions) * 100: 0.2f}%")
```

7. Wywołanie funkcji

```
model_elm = wiąz ()

evaluate_model(model_elm, 'Extreme Learning Machine')
```

Zalety:

Szeroko stosowane w różnych zastosowaniach: regresja, klasyfikacja

ELM jest porównywany z CNN przezwyciężając powolne treningi i problemy z dopasowaniem. (Overfitting: błąd modelowania, który występuje, gdy funkcja jest zbyt ściśle dopasowana do ograniczonego zestawu punktów danych).

ELM jest oparty na empirycznej teorii minimalizacji ryzyka, a jego proces uczenia się wymaga tylko jednej iteracji.

ELM jest stosowany w klastrowaniu danych, widzeniu komputerowym, przetwarzaniu języka naturalnego, genetyce ilościowej, szacowaniu parametrów w modelu mieszanym, psychometrycznej inżynierii strukturalnej.

Wady:

Różne algorytmy stosowane w różnych architekturach SLFN.

Ręczne strojenie parametrów.

Czasochłonne.

Zarówno w przód jak i w tył.

3.7. Naiwni Bayes

twierdzenie Bayesa
Twierdzenie Bayes'a jest używane do znajdowania prawdopodobieństwa warunkowego.
Warunkowe prawdopodobieństwa zdarzeń są prawdopodobieństwem uzyskanym z dodatkową informacją, że jakieś inne zdarzenie miało miejsce wcześniej.

$$P(X \mid Y) = P(X \text{ and } Y) \mid P(A)$$

Gdzie,

$P(X|Y)$ jest warunkowym prawdopodobieństwem zdarzenia. X występujące dla zdarzenia.
Y istniejące zdarzenie dla zdarzenia.

Początkowe prawdopodobieństwo nazywane jest prawdopodobieństwem a priori, które pojawia się przed uzyskaniem jakichkolwiek dodatkowych informacji.

Prawdopodobieństwo nazywane jest wartością prawdopodobieństwa wstecznego, którą otrzymuje się lub otrzymuje po uzyskaniu jakichkolwiek dodatkowych informacji.

Naiwna klasyfikacja Bayes'a:
Nauka Podejście probabilistyczne: Wyraźne prawdopodobieństwa są szacowane dla hipotezy.

Stopniowo: Prawdopodobieństwo postawienia hipotezy, czy jest ona prawidłowa, może być zwiększane lub zmniejszane przyrostowo przez każdy przykład treningu.

Przewidywanie prawdopodobieństwa: Wiele hipotez można przewidzieć na podstawie ich wagi prawdopodobieństwa.

Standard: Interaktywne obliczeniowo metody bayesowskie zapewniają standard optymalnego podejmowania decyzji, na podstawie którego można dokonywać pomiarów innymi metodami.

$$P(h|D) = \frac{P(D|h)P(h)}{P(D)}$$

Gdzie,

D = Dane dotyczące szkoleń

H = prawdopodobieństwo wystąpienia hipotezy posteriori P(h | D) = twierdzenie Bayesa
P(h) = Niezależne prawdopodobieństwo h tutaj, h jest wcześniejszym prawdopodobieństwem P(D) = Niezależne prawdopodobieństwo D
P(D | h) = warunkowe prawdopodobieństwo D tutaj, h: prawdopodobieństwo

P(h | D) = prawdopodobieństwo warunkowe h tutaj, D: prawdopodobieństwo dolne

Wdrożenie:
1. Importuj wymagane biblioteki

```
import numpy jak np. import pandas jak pd
import matplotlib.pyplot jako plt
```

2. Importowanie wymaganego zbioru danych (.csv,.json itp.) to zapisy, które mają być przetwarzane.

```
# load the data
df = pd.read_csv('./breast_cancer.csv') # find x and y
x = df.drop("Klasyfikacja", oś=1)

y = df["Klasyfikacja"]
```

3. Przeprowadzanie analizy danych z badań poszukiwawczych

4.   Przetwarzanie wstępne danych: podział danych i etykiet na szkolenia i testy. Szkolenia i testy są dzielone za pomocą biblioteki Sklearn.

```
# Podziel dane na pociąg i test

z sklearn.model_selection import train_test_split

x_train,    x_test,   y_train,   y_test=train_test_split
                (x,      y,       train_size=0.8,
random_state=1234567)
def nb():

#gaussian naiwniacy Bayes

z   sklearn.naive_bayes   import   GaussianNB   model   =
GaussianNB() model.fit(x_train,y_train)
model powrotny
```

5.   Do oceny algorytmu wykorzystano metodę predykcji ().

```
def  evaluate_model(model,  model_name):  y_predictions  =
model.predict(x_test)
z sklearn.metrics import accuracy_score
print(f"accuracy of  {model_name}  =  {accuracy_score(y_test,
y_predictions) * 100: 0.2f}%")
```

6.   Wywołanie funkcji

```
model_nb = nb()

assess_model(model_nb, "Naive Bayes")
```

Zalety:

Pracuje nad niezależnymi predykatorami, które mają wartości dodatnie.

Łatwe do wdrożenia.

Mniejsza ilość danych szkoleniowych do oceny danych testowych przy krótszym okresie szkolenia.

Wady:

Wymaga wstępnej wiedzy o wielu prawdopodobieństwach

Znaczący koszt obliczeniowy.

Obserwacja o Algorytmach:
Drzewo decyzyjne: prosty algorytm, który przewiduje w zależności od kryteriów tak lub nie. Główne problemy z drzewem decyzyjnym są podatne na nadmierne dopasowanie przewidywania będą zbyt bliskie naszym danym, co może powodować problemy podczas przewidywania na nowych danych. Drzewo decyzyjne wywodzi się z niezależnej zmiennej, przy czym każdy węzeł posiadający warunek nad węzłem funkcji decyduje o tym, który węzeł będzie poruszał się dalej w oparciu o warunek. Dlatego używamy Random Forest, losowy las jest zbiorem drzewa decyzyjnego, każde drzewo oddaje głos na przewidywanie.

Różnice pomiędzy KNN i Naive Bayes, Naive Bayes jest szybszy niż KNN, ponieważ KNN jest wykonywana w czasie rzeczywistym. Naive Bayes jest parametryczny, KNN jest nieparametryczny.

Parametryczne: Założenie może uprościć proces uczenia się, ale może również ograniczyć to, czego można się nauczyć. Algorytm, który upraszcza funkcję do znanego z niej algorytmu uczenia się maszyny parametrycznej.

Algorytm składa się z dwóch etapów:

Wybierz jedną z funkcji

Naucz się współczynników dla danej funkcji na podstawie danych szkoleniowych

Łatwą do zrozumienia formą funkcjonalną dla funkcji mapowania jest linia, jak to jest stosowane w regresji liniowej.

$$b_0 + b_1 * x_1 + b_2 * x_2 = 0$$

Gdzie,

b0, b1, b2 są współczynnikami linii, która kontroluje przechwytywanie i nachylenie. x1 i x2 są dwiema zmiennymi wejściowymi.

Przykład parametrycznego uczenia się maszyn

- Regresja logistyczna

- Analiza dyskryminacyjna liniowa

- Perceptron

- Naiwni Bayes

- Prosta sieć neuronowa

Nieparametryczne: Algorytm, który nie przyjmuje silnego założenia o formie funkcji mapowania, nazywany jest nieparametrycznym algorytmem uczenia maszynowego. Nie przyjmując założeń, mogą one swobodnie uczyć się dowolnej formy funkcji na podstawie danych szkoleniowych.

Przykład parametrycznego uczenia się maszyn

- K-nearest sąsiedzi.

- Drzewo decyzyjne.

- Obsługa maszyny wektorowej.

Nowy system ELM dla sieci jednowarstwowych kanałów paszowych Ukrytych w porównaniu z CNN pozwala na pokonanie powolnego tempa szkolenia i problemu przebudowy. Algorytm pozwala uniknąć wielokrotnej iteracji i lokalnej minimalizacji.

Ręce na głowę, aby zaimplementować i porównać algorytmy Regresja logistyczna, KNN, SVM, DT
Stwierdzenie problemu: W dzisiejszym dniu trudniej jest analizować i przewidywać szanse na wywołanie raka piersi na podstawie danych klinicznych. Istotne jest, aby wykrywać raka i cukrzycę we wczesnym stadium poprzez zwiększenie dokładności Metodyki Nauczania Maszynowego.

Definicja problemu: Porównanie Regresji Logistycznej, KNN, SVM, DT

Aspekt: Obecnie potrzebne są dni na wykrycie chorób takich jak rak, poprzez określenie objawów raka za pomocą kilku metod i podjęcie środków zapobiegawczych w celu uniknięcia tej choroby. Coraz większa liczba chorób w społeczeństwie wzywa do pracy nad tymi zestawami danych w ramach odpowiedzialności społecznej.
Pre-Requisites:

Zestawy danych: UCI Machine Learning Repository z rekordami i atrybutami, Zestaw danych z Kaggle. IDLE: Python 3.x
Pakiety do zainstalowania:

zdrętwiały, pand, matplotlib, scikit się uczyć.

Komenda do zainstalowania pakietów pythona: pip3 install <packagename>

Uwaga: polecenie powinno być wykonane na komendzie polecenia w windows / terminalu na linuksie

Łatwy sposób wdrażania i porównywania algorytmów Regresja logistyczna, KNN, SVM, DT

```
import numpy jak np. import pandas jak pd
import matplotlib.pyplot jako plt

# load the data
df = pd.read_csv('./breast_cancer.csv') # find x and y
x = df.drop("Klasyfikacja", oś=1) y = df["Klasyfikacja"]
# Podziel dane na pociąg i test
z sklearn.model_selection import train_test_split
x_train, x_test, y_train, y_test = train_test_split(x, y, train_size=0,8,
random_state=1234567) def logistic_regression():
z  sklearn.line_model  import  LogisticRegressionCV  model  =
LogisticRegressionCV(max_iter=1000) model.fit(x_train, y_train)
model powrotny

def knn():
od sklearn.neighbors import KNeighborsClassifier
model  =  KNeighborsClassifier(n_neighbors=5,  metric='manhattan')
model.fit(x_train, y_train)
model powrotny
```

```python
def svm():
z importu sklearn.svm model SVC = SVC(kernel="linear")
model.fit(x_train, y_train) model zwrotu

def decision_tree():
od sklearn.tree import DecisionTreeClassifier model =
DecisionTreeClassifier(max_depth=2) print(model.get_params())
model.fit(x_train, y_train) model powrotny

def evaluate_model(model, model_name): y_predictions =
model.predict(x_test)
z sklearn.metrics import accuracy_score
print(f"accuracy of {model_name} = {accuracy_score(y_test,
y_predictions) * 100: 0.2f}%")

def visualize_result(model):
z sklearn.tree import export_graphviz # tworzy plik o nazwie tree.dot
export_graphviz(model,out_file="tree.dot",feature_names=x_train.colum
ns,class_names="target", filled=Prawda)
model_lr = logistic_regression() evaluate_model(model_lr, 'Logistic
Regression') print('-' * 40)
model_knn = knn() evaluate_model(model_knn, 'KNN') print('-' * 40)
model_svm = svm() evaluate_model(model_svm, 'SVM') print('-' * 40)
model_dt = decision_tree() evaluate_model(model_dt, "Decision Tree")
visualize_result(model_dt)
print("-" * 40)
```

```
Python 3.6.8 Shell                                                    —    □    ×

File  Edit  Shell  Debug  Options  Window  Help
Python 3.6.8 (tags/v3.6.8:3c6b436a57, Dec 24 2018, 00:16:47) [MSC v.1916 64 bit (AMD64)] on
win32
Type "help", "copyright", "credits" or "license()" for more information.
>>>
=============== RESTART: C:\Users\DELL\Desktop\model\page1.py ===============

Warning (from warnings module):
  File "C:\Users\DELL\AppData\Local\Programs\Python\Python36\lib\site-packages\sklearn\model
_selection\_split.py", line 2010
    FutureWarning)
FutureWarning: From version 0.21, test_size will always complement train_size unless both ar
e specified.
accuracy of Logistic Regression =  58.33%
-----------------------------------------
accuracy of KNN =  54.17%
-----------------------------------------
accuracy of SVM =  54.17%
-----------------------------------------
('class_weight': None, 'criterion': 'gini', 'max_depth': 2, 'max_features': None, 'max_leaf_
nodes': None, 'min_impurity_decrease': 0.0, 'min_impurity_split': None, 'min_samples_leaf':
1, 'min_samples_split': 2, 'min_weight_fraction_leaf': 0.0, 'presort': False, 'random_state'
: None, 'splitter': 'best')
accuracy of Decision Tree =  70.83%
-----------------------------------------
>>>
```

Hands on Practice on Disease Prediction Project "Improve the Performance of Cancer and Diabetes Detection by using Novel Technique of Machine Learning".

Stwierdzenie problemu: W dzisiejszych czasach trudniej jest analizować i przewidywać szanse na wywołanie raka i cukrzycy na podstawie danych klinicznych. Istotne jest, aby wykrywać raka i cukrzycę we wczesnym stadium poprzez zwiększenie dokładności Metodyki Nauczania Maszynowego.

Definicja problemu: Zwiększenie dokładności za pomocą odpowiedniego algorytmu uczenia maszynowego przy użyciu Extreme Learning Machine i przewidywanie szans na raka i cukrzycę. Analizowanie danych klinicznych przy użyciu kilku algorytmów klasyfikacyjnych w celu optymalizacji działania klasyfikatora w zakresie przewidywania nowotworów i cukrzycy.

Aspekt: Obecnie konieczne są dni na wykrycie chorób takich jak rak i cukrzyca we wczesnym stadium poprzez rozpoznanie objawów cukrzycy i raka przy użyciu kilku metod i podjęcie środków zapobiegawczych w celu uniknięcia tych chorób. Coraz większa liczba chorób w społeczeństwie zachęca do pracy nad tymi zestawami danych w ramach odpowiedzialności społecznej.

Proponowana architektura systemu:

Proces rozpoczyna się od manipulacji danymi. Następnie zostaną zbadane cztery modele w celu znalezienia modelu predykcyjnego. Następnie obliczana jest dokładność każdego modelu i porównywana w celu znalezienia najlepszego modelu. Wykrywanie takich chorób jak rak i cukrzyca może być pomocne zarówno dla pacjentów, jak i dla lekarzy.

Z punktu widzenia lekarza mogą one pomóc pacjentom w określeniu ich kolejnego kroku poprzez określenie podatności na zachorowanie na raka lub na cukrzycę u danego pacjenta. Badanie kończy się stworzeniem aplikacji internetowej.

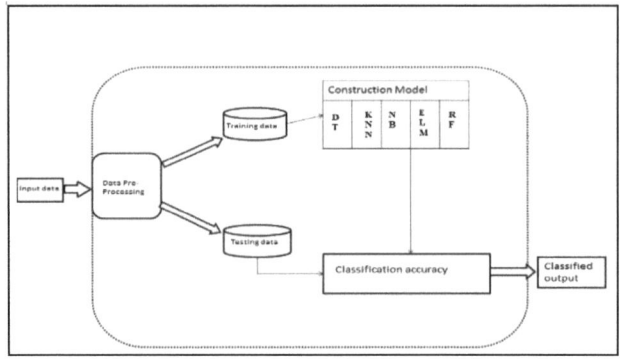

Projekt koncentruje się na maszynie Extreme Learning, ponieważ ELM podąża za półnadzorowanym podejściem do uczenia się, dokładność ELM jest lepsza niż innych nadzorowanych i nienadzorowanych algorytmów.

Pre-Requisites:

Zestawy danych: UCI Machine Learning Repository z rekordami i atrybutami, Zestaw danych z Kaggle.

IDLE: Python 3.x, Jupyter notebook, Android 10.0 Pakiety do zainstalowania: Komenda do zainstalowania pakietów pythona: pip3 install <packagename>

numpy, pandas, matplotlib, seaborn, scikit learn, joblib, sklearn-extension, flask, pickle Uwaga: polecenie powinno być wykonane na komendzie w oknie / terminalu na linuksie **Model matematyczny**

Niech S będzie cały system, Ustaw S = I, P, O gdzie,

Wejście (I) reprezentowane jako: I = {I0, I1, I2} I0 = Dane rejestracyjne lekarzy

I1 = Logowanie lekarzy

I2 = Wprowadź parametry pacjenta, odpowiednio Proces (P) reprezentowany jako: P = {P0, P1, P2, P3} P0 = Logowanie po stronie lekarza

P1 = Zatwierdzenie logowania

P2 = porównanie algorytmu (SVM, DT, NB, CNN, KNN, RF, ELM) P3 = klasyfikacja danego wejścia

Wyjście (O) przedstawione jako: O = {O0, O1, O2} O0 = Logowanie lekarzy zakończone sukcesem

O1 = Wynik analizy wyników algorytmu. O2 = Klasyfikacja podwójnego wejścia

Parametry użyte do porównania

Istnieje 8 parametrów dla cukrzycy i 9 parametrów dla przewidywania raka

Diabetes parameters	Cancer parameters
No. Of Pegnancies	Clump_thickness
Glucose	Unif_cell_size
Blood Pressure	Unif_cell_shape
Skin thickness	Marg_adhesion
Insulin	Single_epith_cell_size
BMI	Bare_nuclei
Pedigree Function	Bland_chrom
Age	Norm_nucleoli
	mitoses

Dane wejściowe:

Kod Pythona do nawiązania połączenia z aplikacją androida

1. Biblioteki importowe

   ```
   z importu kolby Kolba
   z importu kolby Flask, flash, przekierowanie,
   render_template, request, session, abort import os
   import pickle import sklearn import json
   importować zdrętwiały jak np.
   ```

2. Ustanowienie komunikacji pomiędzy kodem .py a aplikacją android

   ```
   app = Flask (nazwa ) @app.route("/")
   def home():
   jeśli nie session.get('logged_in'):
   zwrócić render_template('login.html') inaczej:
   wrócić      "Hello      Boss3!"      @app.route('/login',
   methods=['POST'])
   ```

3.	Dodaj wpisane wartości podane przez lekarzy do listy, tutaj po wpisaniu przez lekarza w zakładce pierwszej przewidywana jest cukrzyca inna niż rak

```
def    do_admin_login():    my_array_diabetis    =    list()
prediction=request.form['prediction'] print(prediction)
if prediction=="0":

#parametry dla cukrzycy w ciąży=request.form['pregnancies']
glukoza=request.form['glucose']
bloodpressure=request.form['bloodpressure']
skinthickness=request.form['skinthickness']
insulina=request.form['insulin'] bmi=request.form['bmi']
diabetespedigreefunction=request.form['diabetespedigreefunction']
age=request.form['age']

my_array_diabetis.append(pregnancies)
my_array_diabetis.append(glucose)
my_array_diabetis.append(bloodpressure)
my_array_diabetis.append(skinthickness)
my_array_diabetis.append(insulin)
my_array_diabetis.append(bmi)
my_array_diabetis.append(diabetespedigreefunction)
my_array_diabetis.append(age)

z open("elm.pkl", 'rb') jako plik: pickle_model = pickle.load(plik)
print(my_array_diabetis)
```

```
output=pickle_model.predict([my_array_diabetis]) print(output)
print(output[0]) x={"value":str(output[0])}
#return    render_template('index.html',    value=output)    return
json.dumps(x)
Inaczej:
my_array_cancer                        =                        list()
clump_thickness=request.form['clump_thickness']
unif_cell_size=request.form['unif_cell_size']
unif_cell_shape=request.form['unif_cell_shape']
marg_adhesion=request.form['marg_adhesion']
single_epith_cell_size=request.form['single_epith_cell_size']
bare_nuclei=request.form['bare_nuclei']
bland_chrom=request.form['bland_chrom']
norm_nucleoli=request.form['norm_nucleoli']
mitoses=request.form['mitoses']

My_array_cancer.append(clump_thickness)
my_array_cancer.append(unif_cell_size)
my_array_cancer.append(unif_cell_shape)
my_array_cancer.append(marg_adhesion)
my_array_cancer.append(single_epith_cell_size)
my_array_cancer.append(bare_nuclei)
my_array_cancer.append(bland_chrom)
my_array_cancer.append(norm_nucleoli)
my_array_cancer.append(mitoses)

# Load from file
z      open("KNC_model_final.pkl",      'rb')      jako      plik:
KNC_model_final= pickle.load(plik)
z open("sc.pkl", 'rb') jako plik: sc= pickle.load(plik)
z open("pca.pkl", 'rb') jako plik: pca= pickle.load(plik)
my_array_cancer=np.array([my_array_cancer])  my_array_cancer
=        sc.transform(my_array_cancer)              my_array_cancer=
pca.transform(my_array_cancer)
output=KNC_model_final.predict(my_array_cancer) print(output)
x={"value":str(output[0])} zwróć json.dumps(x)
```

4.   Port rezerwowy do wykonania

```
jeśli nazwisko ____== " main ": app.secret_key = os.urandom(12)
app.run(debug=True,host='0.0.0', port=5000)
```

Dane wejściowe są podawane poprzez aplikację androidową opracowaną specjalnie dla lekarzy, składającą się z ponad 8 parametrów dla cukrzycy, 9 parametrów dla raka do przewidywania.

Krótki ekran 1: Rejestracja lekarzy

Lekarze muszą podać swoje dane podczas procesu rejestracji, podstawowe informacje takie jak imię, nazwisko, e-mail, numer kontaktowy, ustawić hasło do procesu logowania.

Krótki ekran 2: Logowanie lekarzy

Lekarze muszą się zalogować za pomocą zarejestrowanego adresu e-mail i hasła.

Krótki ekran 3: Lekarze wprowadzają wartości dla cukrzycy

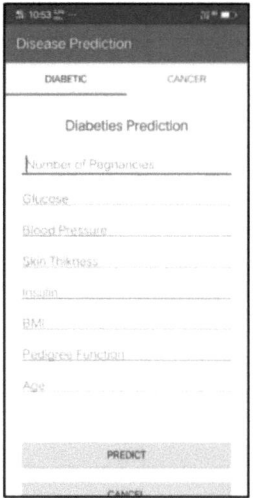

Aby sprawdzić, czy pacjent jest podatny na cukrzycę, należy wprowadzić wartości z zestawu danych używanych do analizy. Tutaj lekarze mogą przekazać pacjentom aktualne informacje.

Krótki ekran 4: Lekarze wprowadzają wartości dla nowotworów zgodnie z odpowiednimi parametrami

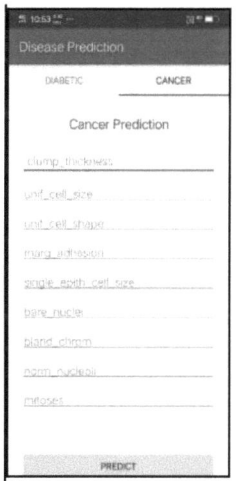

Aby sprawdzić, czy pacjent jest podatny na raka, należy wprowadzić wartości z zestawu danych używanych do analizy.

Tutaj lekarze mogą udzielić pacjentom aktualnych informacji i dowiedzieć się, czy pacjent jest podatny na raka, czy nie.

Screen short 5,6: The Trained information predicts whether the patient is suffering from diabetes or diabetes as at early stage.

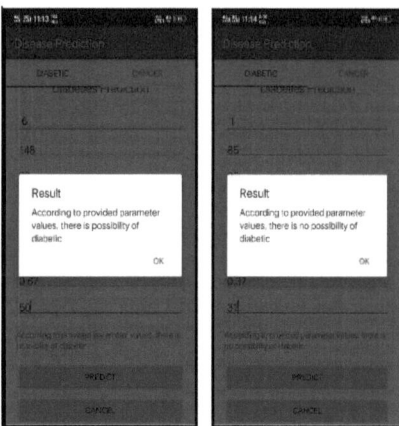

Wyszkolone informacje dostarczają przewidywanych wyników, niezależnie od tego, czy pacjent cierpi na cukrzycę, czy też jest to cukrzyca we wczesnym stadium.

Screen short 7, 8: Wyszkolona informacja przewiduje pogodę, w której pacjent nie cierpi na raka lub raka we wczesnym stadium.

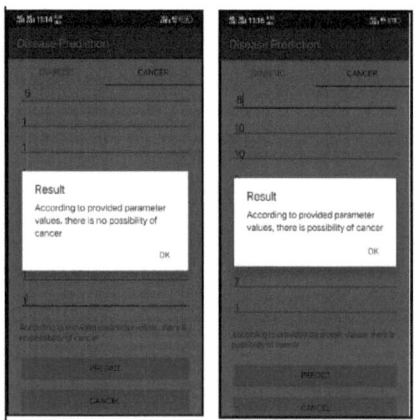

Wyszkolone informacje dostarczają przewidywanych wyników, niezależnie od tego, czy pacjent cierpi na raka, czy nie we wczesnym stadium.

Kod Pythona, aby znaleźć dokładne wizualizacje dla przewidywania raka i cukrzycy:

Motywem projektu jest znalezienie algorytmu, który działa lepiej i daje maksymalną dokładność. Aby sprawdzić wizualizację dokładności. Używamy notebooka jupytera.

Przewidywanie dokładności raka:

Kroki do wykonania:

1. Importuj biblioteki pythonowe
Pre-requisites: install numpy, matplotlib, pandas, sklearn, joblib Proces instalacji pakietów: pip3 install <nazwa biblioteki>
2. Dostęp do zbioru danych
Zbiór danych jest kierowany z repozytoriów UCI, zbiór danych Kaggle'a

3. Odczytaj plik cancer.csv według koncepcji dataframe i przechowuj go w obiekcie df.
4. Obróbka wstępna upuszczenia kolumny, która nie jest konieczna w powyższej sytuacji w kolumnie "id".
5. Przetwarzanie wstępne konwersji typu danych na liczbę całkowitą w powyższej kolumnie sytuacji to "bare_nuclei".
6. Po wstępnej obróbce należy zdecydować, która kolumna / parametr może być użyty do klasyfikacji, czy pacjent jest podatny na raka, czy nie.
7. Klasa to kolumna/parametr, który 0 decyduje, że nie ma możliwości wystąpienia raka, 1 decyduje, że istnieje możliwość wystąpienia raka.
8. Podział zestawu danych na zestaw szkoleniowy i testowy

Korzystając z klas wyboru modelu sklearnowego, zaimportuj moduł dzielenia testu pociągu

X_train, X_test, y_train, y_test = train_test_split(X, y, test_size = 0,35, random_state = 42)

Powyżej podano: rozmiar testu wynosi 35%. 35 % danych to oddzielny zestaw danych dla testów, a pozostałe 65 % to zestaw treningowy. Stan losowy sugeruje, że dane wyjściowe nie będą się różnić dla żadnego systemu w odległej lokalizacji.

```
In [1]: # Importing the Libraries

import numpy as np
import matplotlib.pyplot as plt
import pandas as pd
from sklearn.metrics import accuracy_score
import joblib
# Importing the dataset

df = pd.read_csv('C:/Users/DELL/Desktop/diabetes_predictions/cancer.csv')
df.replace('?',-99999,inplace=True)
df.drop(['id'],1,inplace=True)
df['bare_nuclei'] = df['bare_nuclei'].apply(lambda x: int(x))

X=np.array(df.drop(['classes'],1))
y=np.array(df['classes'])

# Splitting the dataset into the Training set and Test set

from sklearn.model_selection import train_test_split
X_train, X_test, y_train, y_test = train_test_split(X, y, test_size = 0.35, random_state = 42)

# Feature Scaling

from sklearn.preprocessing import StandardScaler
sc = StandardScaler()
X_train = sc.fit_transform(X_train)
X_test = sc.transform(X_test)
```

9. Skalowanie funkcji z klasy przetwarzania wstępnego sklearn'a import danych modułu skalarnego Standard z wejściem dtype int64 zostało przekonwertowane na float64 przez StandardScaler.

od sklearn.preprocessing import StandardScaler

sc = StandardScaler()

X_train = sc.fit_transform(X_train) X_test = sc.transform(X_test)

10. Wykonaj Zasadę Analizy Składników PCA

Principal Component Analysis (PCA) jest procedurą statystyczną wykorzystującą transformację ortogonalną, która przekształca zestaw skorelowanych zmiennych w zestaw nieskorelowanych zmiennych. PCA jest najczęściej stosowanym narzędziem w analizie danych eksploracyjnych oraz w uczeniu maszynowym dla modeli predykcyjnych. PCA jest wykonywane w celu redukcji wymiarów.

```
In [2]: #principle component analysis

from sklearn.decomposition import PCA
pca = PCA(n_components=2)
X_train = pca.fit_transform(X_train)
X_test = pca.fit_transform(X_test)
explained_variance=pca.explained_variance_ratio_
```

11. Aby dokonać dalszej klasyfikacji, należy najpierw wykonać algorytm KNN w celu sprawdzenia dokładności.

Z klasy sklearnowej neighnors importują moduł KNeighborsclassifier.

```
In [3]:  # Fitting KNN to the Training set

         from sklearn.neighbors import KNeighborsClassifier
         knn = []
         for i in range(1,21):

             classifier = KNeighborsClassifier(n_neighbors=i)
             trained_model=classifier.fit(X_train,y_train)
             trained_model.fit(X_train,y_train )

             # Predicting the Test set results

             y_pred = classifier.predict(X_test)

             # Making the Confusion Matrix

             from sklearn.metrics import confusion_matrix

             cm_KNN = confusion_matrix(y_test, y_pred)
             print(cm_KNN)
             print("Accuracy score of train KNN")
             print(accuracy_score(y_train, trained_model.predict(X_train))*100)

             print("Accuracy score of test KNN")
             print(accuracy_score(y_test, y_pred)*100)

             knn.append(accuracy_score(y_test, y_pred)*100)
```

Generowana jest matryca dezorientacyjna i punktacja dokładności.

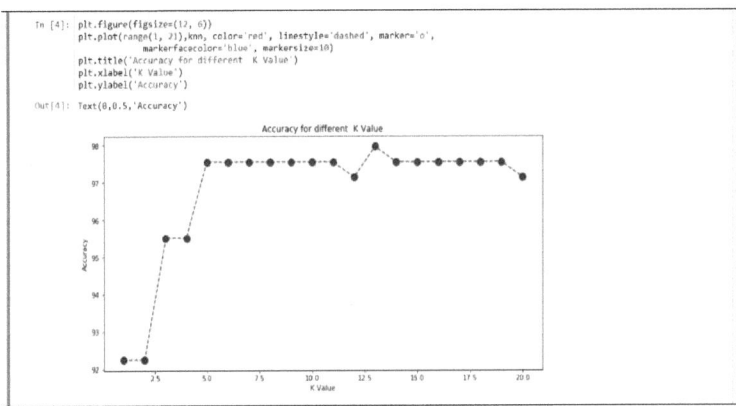

```
In [4]:  plt.figure(figsize=(12, 6))
         plt.plot(range(1, 21),knn, color='red', linestyle='dashed', marker='o',
                  markerfacecolor='blue', markersize=10)
         plt.title('Accuracy for different  K Value')
         plt.xlabel('K Value')
         plt.ylabel('Accuracy')
Out[4]:  Text(0,0.5,'Accuracy')
```

Plotowanie KNN: Dokładność dla różnych wartości K

```
In [5]:  Classifier_KNN = KNeighborsClassifier(n_neighbors=3)
         classifier_KNN.fit(X_train,y_train )

         # Predicting the Test set results

         y_pred = classifier_KNN.predict(X_test)

         # making the confusion matrix

         from sklearn.metrics import confusion_matrix

         cm_KNN = confusion_matrix(y_test, y_pred)
         print(cm_KNN)
         print("Accuracy score of train KNN")
         print(accuracy_score(y_train, trained_model.predict(X_train))*100)

         print("Accuracy score of test KNN")
         print(accuracy_score(y_test, y_pred)*100)

         knn.append(accuracy_score(y_test, y_pred)*100)

         [[160   4]
          [  7  74]]
         Accuracy score of train KNN
         96.0152422907489
         Accuracy score of test KNN
         95.51020408163265
```

12. Algorytm klasyfikacji Obsługa maszyny wektorowej

```
In [6]: # Fitting SVM to the Training set
        from sklearn.svm import SVC
        Classifier_SVM = SVC(kernel = 'linear', random_state = 1)

        Classifier_SVM.fit(X_train,y_train)
        # Predicting the Test set results

        y_pred = Classifier_SVM.predict(X_test)

        # Making the Confusion Matrix

        from sklearn.metrics import confusion_matrix
        cm_SVM = confusion_matrix(y_test, y_pred)
        print(cm_SVM)
        print("Accuracy score of train SVM")
        print(accuracy_score(y_train, trained_model.predict(X_train))*100)

        print("Accuracy score of test SVM")
        print(accuracy_score(y_test, y_pred)*100)

        [[100   4]
         [  4  77]]
        Accuracy score of train SVM
        96.035242290748
        Accuracy score of test SVM
        96.7346938775102
```

13. Algorytm klasyfikacji Las losowy

```
In [7]: from sklearn.ensemble import RandomForestClassifier #Random Forest
        Classifier_RF=RandomForestClassifier(n_estimators=100)
        Classifier_RF.fit(X_train,y_train)

        # Predicting the Test set results

        y_pred = Classifier_RF.predict(X_test)

        # Making the Confusion Matrix

        from sklearn.metrics import confusion_matrix
        cm_RF = confusion_matrix(y_test, y_pred)
        print(cm_RF)
        print("Accuracy score of train RF")
        print(accuracy_score(y_train, trained_model.predict(X_train))*100)

        print("Accuracy score of test RF")
        print(accuracy_score(y_test, y_pred)*100)

        [[159   5]
         [  4  77]]
        Accuracy score of train RF
        96.0352422907489
        Accuracy score of test RF
        96.3265306122449
```

14. Algorytm klasyfikacji Extreme Learning Machine

Pre-requisites: aby zbudować algorytm ELM, najpierw należy zainstalować pakiet rozszerzeń sklearn. Po zaprojektowaniu i zbudowaniu modelu pikietuj model

Wytrawianie modeli to proces, w którym zaprojektowany model może zostać zachowany i ponownie wykonany.

```
In [10]:  from sklearn_extensions.extreme_learning_machines.elm import ELMClassifier
          Classifier_ELM = ELMClassifier(n_hidden=1000 ,activation_func='tanh' ,alpha=0.81 , random_state=1 )
          Classifier_ELM.fit(x_train, y_train)
          #predicting the tests set result
          y_pred = Classifier_ELM.predict(x_train)

          #confusion matrix
          from sklearn.metrics import confusion_matrix
          cm_ELM = confusion_matrix(y_train, y_pred)

          # In[52]:

          print( Classifier_ELM.score(x_train, y_train))

          # In[53]:

          print(Classifier_ELM.score(x_test, y_test))

          0.9982110912344347
          0.9571428571428572

In [11]:  joblib.dump(Classifier_SVM, 'Classifier_ELM.pkl')

          import os
          os.getcwd()
```

15. Dokładność Wizualizacja

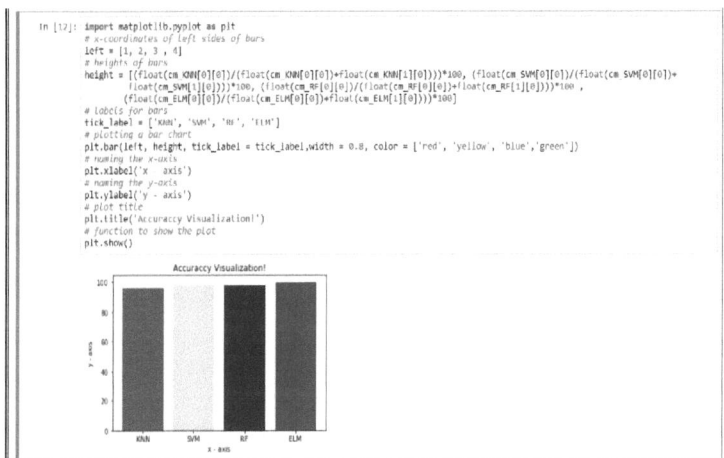

Wyniki porównawcze dla raka:

I d	Nazwa algorytmu	Dokładność szkolenia	Dokładność badania
1	KNN	96.035	95.6102
2	SVM	96.035	96.53
3	Las losowy	96.03524	95.5102
4	ELM	99.82	98.7142

Dokładność Diabetyków Przewidywanie

Kroki do wykonania:

1.   Importuj biblioteki pythonowe
Pre-requisites: install numpy, matplotlib, pandas, sklearn, joblib, seaborn Proces instalacji pakietów: pip3 install <nazwa biblioteki>
2.   Dostęp do zbioru danych
Zbiór danych jest kierowany z repozytoriów UCI, zbiór danych Kaggle'a

3.   Odczytaj plik diabetes.csv według koncepcji dataframe i przechowuj go w obiekcie df.

```
In [ ]: import pandas as pd
        import numpy as np
        import matplotlib.pyplot as plt
        import seaborn as sns
        import itertools
        %matplotlib inline
        from sklearn import svm
        from sklearn.neighbors import KNeighborsClassifier
        from sklearn.tree import DecisionTreeClassifier
        from sklearn.ensemble import RandomForestClassifier
        from sklearn.naive_bayes import GaussianNB
        from sklearn.model_selection import train_test_split
        from sklearn.cross_validation import KFold
        from sklearn.preprocessing import StandardScaler #Standardisation
        from sklearn.linear_model import LogisticRegression
        from sklearn.calibration import calibration_curve
        from sklearn.svm import SVC, LinearSVC
        from sklearn.ensemble import VotingClassifier #for Voting Classifier
        from sklearn.metrics import accuracy_score,recall_score, confusion_matrix, roc_curve \
        ,average_precision_score, precision_recall_curve, precision_score, f1_score
```

4.

```
In [ ]: dia = pd.read_csv('diabetes.csv')
        dia.head()
        import csv
        # csv file name
        # importing csv module
        with open('diabetes.csv') as csv_file:
            csv_reader = csv.reader(csv_file, delimiter=',')
            line_count = 0
            for row in csv_reader:
                if line_count == 0:
                    print(f'{", ".join(row)}')
                    line_count += 1
                else:
                    print(f'\t{row[0]} \t {row[1]} \t {row[2]} \t \t {row[3]} \t \t {row[4]} \t \t {row[5]}\t {row[6]} \t \t {row[7])
                        \t {row[8]}')
                    line_count += 1
            print(f'Processed {line_count} lines.')
```

Pregnancies	Glucose	BloodPressure	SkinThickness	Insulin	BMI	DiabetesPedigreeFunction	Age	Outcome
6	148	72	35	0	33.6	0.627	50	1
1	85	66	29	0	26.6	0.351	31	0
8	183	64	0	0	23.3	0.672	32	1
1	89	66	23	94	28.1	0.167	21	0
0	137	40	35	168	43.1	2.288	33	1
5	116	74	0	0	25.6	0.201	30	0
3	78	50	32	88	31	0.248	26	1
10	115	0	0	0	35.3	0.134	29	0
2	197	70	45	543	30.5	0.158	53	1
8	125	96	0	0	0	0.232	54	1
4	110	92	0	0	37.6	0.191	30	0
10	168	74	0	0	38	0.537	34	1
10	139	80	0	0	27.1	1.441	57	0
1	189	60	23	846	30.1	0.398	59	1
5	166	72	19	175	25.8	0.587	51	1
7	100	0	0	0	30	0.484	32	1
0	118	84	47	230	45.8	0.551	31	1
7	107	74	0	0	29.6	0.254	31	1

5. Wstępne przetwarzanie danych Stwierdzenie brakujących wartości

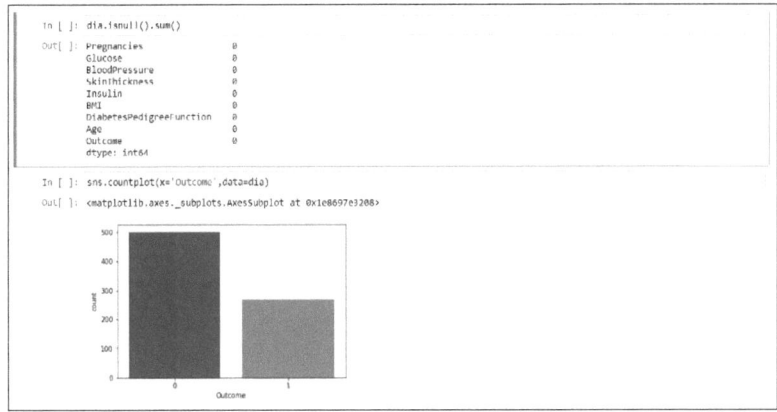

6. Po przetworzeniu wstępnym należy zdecydować, która kolumna / parametr może być użyta do sklasyfikowania, czy pacjent jest podatny na cukrzycę lub nie.

7. Wynik to kolumna/parametr, w której 0 decyduje o braku możliwości wystąpienia cukrzycy, 1 decyduje o możliwości wystąpienia cukrzycy.

8. Wykreślenie wyniku w odniesieniu do liczby, gdzie 0 oznacza brak cukrzycy, 1 oznacza obecność cukrzycy

9. Para działek morskich() parzystych relacji parametrów w zbiorze danych

10. Pairplot() : Funkcja utworzy siatkę osi tak, że każda zmienna numeryczna w danych będzie współdzielona w osi y przez pojedynczy wiersz, a w osi x przez pojedynczą kolumnę. Osie przekątne są traktowane w różny sposób, rysując wykres w celu pokazania unikalnego rozkładu danych dla zmiennej w tej kolumnie.

```
In [ ]: sns.pairplot(dia, hue="Outcome", diag_kind='kde')
```

Oryginalnie działka ma wszystkie te parametry:
pairplot*(dane, hue=Nie, hue_order=Nie, paleta=Nie, vars=Nie, x_vars=Nie, y_va rs=Nie, kind='scatter', diag_kind='auto', markery=Nie, wysokość=2.5, aspect=1, corner= Fałszywy, dropna=Prawda, plot_kws=Nie, diag_kws=Nie, grid_kws=Nie, rozmiar=Nie)*

Parametrami wykorzystywanymi przy realizacji tego projektu funkcji paraplotu są:

działka(dane, barwa, diag_kind)

gdzie, dane - ramka danych, gdzie każda kolumna jest zmienną, a każdy wiersz jest obserwacją. Hue- zmienna w danych do mapowania aspektu wykresu różnych kolorów.

Diag_kind - rodzaj działki dla podpowierzchni ukośnych

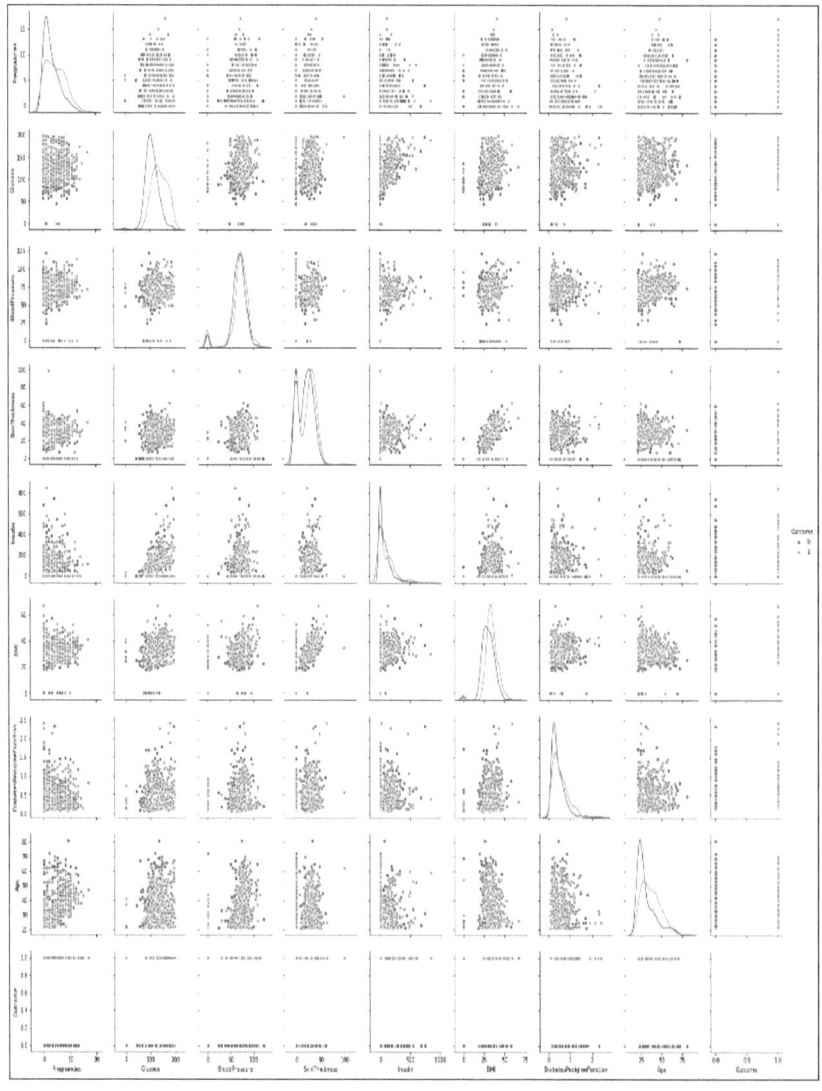

11. Korelacja

Heatmap(): wykreśla prostokątne dane w postaci kolorowej macierzy. funkcja na poziomie osi i wciągnie heatmapę do aktualnie aktywnych osi, jeśli żaden z nich nie zostanie podany do argumentu osi. Część tej przestrzeni Axes zostanie pobrana i użyta do wykreślenia mapy kolorowej, chyba że cbar jest Fałszywy lub do cbar_ax podano oddzielne Axes.

Pierwotnie mapa cieplna posiadała wszystkie te parametry

Heatmap*(data, vmin=None, vmax=None, cmap=None, centre=None, robust=False, annot*

=None, fmt='.2g', annot_kws=None, linewidths=0, linecolor='white', cbar=True, cbar_kws

=None, cbar_ax=None, square=False, xticklabels='auto', yticklabels='auto', mask=None, ax=None, **kwargs)

Parametrami wykorzystywanymi przy realizacji tego projektu funkcji mapy ciepła są:
Heatmap(dia.corr(),annot)
Gdzie, corr() - współczynnik korelacji

annot - Jeśli jest to prawda, należy zapisać wartość danych w każdej komórce. Jeśli tablica o tym samym kształcie

jako dane, a następnie użyć tego do anotacji mapy ciepła zamiast danych. Zauważ, że ramki danych będą pasowały do siebie na pozycji, a nie na indeksie.

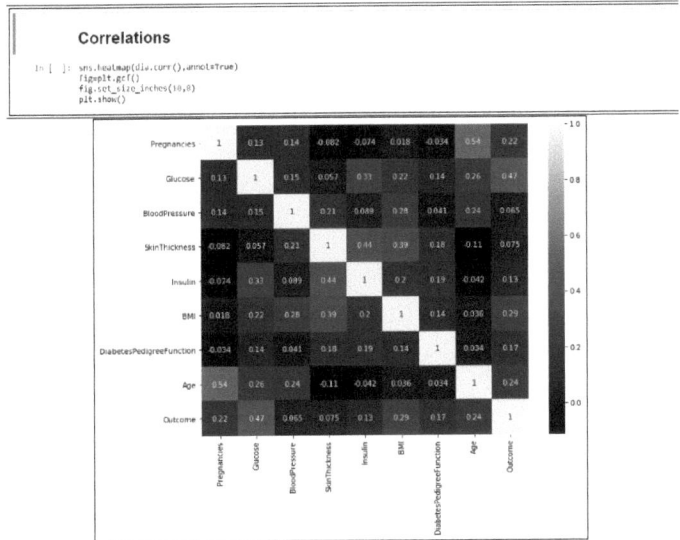

12.   Walidacja krzyżowa i model Ocena

Cross Validation

```
In [ ]: Outcome=dia['Outcome']
        variables=dia[dia.columns[:8]]
        train,test=train_test_split(dia,test_size=0.25,random_state=0,stratify=dia['Outcome'])# stratify the outcome
        train_X=train[train.columns[:8]]
        test_X=test[test.columns[:8]]
        train_Y=train['Outcome']
        test_Y=test['Outcome']
```

Model Evaluation

```
In [ ]: #defining a metrics function to evaluate a model
        def Metrics(ytest,pred):
            print('accuracy:', accuracy_score(ytest,pred),',recall score:',recall_score(ytest,pred),'\n ConfusionMatrix: \n',confusion_mat
            #model( rf.feature_importances
            average_precision = average_precision_score(ytest,pred)
            print('average_precision_score: ',average_precision_score(ytest,pred))
            print('Precision Score:',precision_score(ytest,pred),'F1 score:',f1_score(ytest,pred))

            precision, recall, _ = precision_recall_curve(ytest,pred)
            # plt.step(recall,precision, color='b',alpha = 0.2, where = 'post')
            # plt.fill_between(recall, precision, step='post', alpha=0.2,\color='b')
            # plt.xlabel('Recall')
            # plt.ylabel('Precision')
            # plt.ylim([0.0, 1.05])
            # plt.xlim([0.0, 1.0])
            # plt.title('2 class Precision-Recall curve: AUC={0:0.2f}'.format(average_precision))
            #plt.title(alpa)
```

Ocena modelu polega na precyzyjnym wygenerowaniu macierzy dezorientacji wywołania

Metryka (): Definiowanie funkcji metryki do oceny modelu.

Po zbudowaniu funkcji metrycznej, można ją wywołać w razie potrzeby.

13.   Modelowanie uczenia się maszyn

ML Modelling

```
In [ ]: #Decision tree classifier
        DT = DecisionTreeClassifier(random_state=12)
        model_dt = DT.fit(train_X,train_Y)
        pred_dt=model_dt.predict(test_X)
        Metrics(test_Y,pred_dt)
        cm_DT=accuracy_score(test_Y,pred_dt)
        print("DT Accuracy:"+str(cm_DT))

        accuracy: 0.75 ,recall score: 0.6417910447761194
        ConfusionMatrix:
        [[101  24]
         [ 24  43]]
        average_precision_score: 0.5368957451548229
        Precision Score: 0.641791044776119 F1_score: 0.641791044776119
        DT Accuracy:0.75

In [ ]: #random forest
        rf = RandomForestClassifier(n_estimators=100,random_state=72)
        model_rf = rf.fit(train_X,train_Y)
        pred_rf = model_rf.predict(test_X)
        Metrics(test_Y,pred_rf)
        pd.Series(model_rf.feature_importances_,train_X.columns ).sort_values(ascending= False)
        cm_RF=accuracy_score(test_Y,pred_rf)
        print("RF Accuracy:"+str(cm_RF))

        accuracy: 0.79687/5 ,recall score: 0.641791044776119
        ConfusionMatrix:
        [[110  15]
         [ 24  43]]
        average_precision_score: 0.6008100021616058
        Precision Score: 0.7413791103448278 F1 score: 0.688
        R= Accuracy:0.796875
```

Modelowanie danych dotyczących cukrzycy za pomocą drzewa decyzyjnego i lasu losowego, dokładność wynosi odpowiednio 75% i 79%.

```
In [ ]: #gaussian naive bayes
        gnb = GaussianNB()
        modelgnb = gnb.fit(train_X,train_Y)
        pred_gnb = modelgnb.predict(test_X)
        Metrics(test_Y,pred_gnb)
        cm_GNB=accuracy_score(test_Y,pred_gnb)
        print("GNB Accuraccy:"+str(cm_GNB))

        accuray: 0.765625 ,recall score: 0.6268656716417911
        ConfusionMatrix:
        [[105  20]
         [ 25  42]]
        average_precision_score:  0.5548592721874499
        Precision Score: 0.6774193548387096 F1_score: 0.6511627906076745
        GNB Accuraccy:0.765625

In [ ]: model = LogisticRegression()
        model.fit(train_X,train_Y)
        prediction=model.predict(test_X)
        Metrics(test_Y,prediction)
        cm_LR=accuracy_score(test_Y,prediction)
        print("LR Accuraccy:"+str(cm_LR))

        accuray: 0.7760416666666666 ,recall score: 0.582089552218806
        ConfusionMatrix:
        [[110  15]
         [ 28  39]]
        average_precision_score:  0.5662313432835822
        Precision Score: 0.7222222222222222 F1_score: 0.6446280991735538
        LR Accuraccy:0.7760416666666666
```

Modelowanie danych dotyczących cukrzycy za pomocą naiwnych bagaży i regresji logistycznej, dokładność wynosi odpowiednio 76% i 77%.

14.   Wybór funkcji na podstawie korelacji i znaczenia funkcji RF

```
In [ ]: dia2=dia[['Glucose','BMI','Age','DiabetesPedigreeFunction','Outcome']]
        features=dia2[dia2.columns[:4]]
        features_standard=StandardScaler().fit_transform(features)# Gaussian Standardisation
        x=pd.DataFrame(features_standard,columns=[['Glucose','BMI','Age','DiabetesPedigreeFunction']])
        x['Outcome']=dia2['Outcome']
        outcome=x['Outcome']
        train1,test1=train_test_split(x,test_size=0.25,random_state=0,stratify=x['Outcome'])
        train_X1=train1[train1.columns[:4]]
        test_X1=test1[test1.columns[:4]]
        train_Y1=train1['Outcome']
        test_Y1=test1['Outcome']
```

Podział danych na szkolenia i testy tutaj 25% danych jest do testowania 75% danych jest do szkolenia.

Obserwacja: Maksymalna ilość danych szkoleniowych daje maksymalną dokładność.

15.   Ocena wielu modeli

```
In [ ]: def model_comparison(X_train,X_test, y_train,y_test):
            lr = LogisticRegression()
            gnb = GaussianNB()
            svc = LinearSVC(C=1.0)
            rfc = RandomForestClassifier(n_estimators=100)
            plt.figure(figsize=(10, 10))
            ax1 = plt.subplot2grid((3, 1), (0, 0), rowspan=2)
            ax2 = plt.subplot2grid((3, 1), (2, 0))
            ax1.plot([0, 1], [0, 1], 'k:', label="Perfectly calibrated")
            for clf, name in [(lr, 'Logistic'),\
                              (gnb, 'Naive Bayes'),\
                              (svc, 'Support Vector Classification'),\
                              (rfc, 'Random Forest')]:
                clf.fit(X_train, y_train)
                if hasattr(clf, "predict_proba"):
                    prob_pos = clf.predict_proba(X_test)[:, 1]
                else:  # use decision function
                    prob_pos = clf.decision_function(X_test)
                    prob_pos = \
                        (prob_pos - prob_pos.min()) / (prob_pos.max() - prob_pos.min())
                fraction_of_positives, mean_predicted_value = \
                    calibration_curve(y_test, prob_pos, n_bins=10)
                ax1.plot(mean_predicted_value, fraction_of_positives, 's-',
                         label="%s" % (name, ))
                ax2.hist(prob_pos, range=(0, 1), bins=10, label=name,
                         histtype="step", lw=2)
            ax1.set_ylabel("Fraction of positives")
            ax1.set_ylim([-0.05, 1.05])
            ax1.legend(loc="lower right")
            ax1.set_title('Calibration plots  (reliability curve)')
            ax2.set_xlabel("Mean predicted value")
            ax2.set_ylabel("Count")
            ax2.legend(loc="upper center", ncol=2)
            plt.tight_layout()
            plt.show()
```

Funkcja budowania modelu porównawczego do budowania wykresów kalibracyjnych

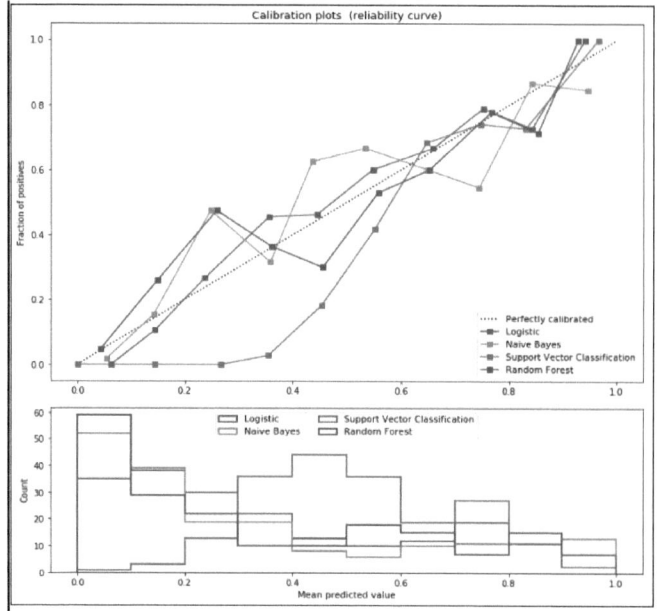

Krzywe niezawodności i średnie wartości przewidywane

16.   Budowa modelu maszyny do nauki ekstremalnej

```
In [ ]: x = dia.iloc[ : , :-1].values
        y = dia.iloc[:, -1:].values
        train_X1, test_X1, train_Y1, test_Y1 = train_test_split(x,y,test_size = 0.10, random_state =1 )
        from sklearn_extensions.extreme_learning_machines.elm import ELMClassifier
        Classifier_ELM = ELMClassifier(n_hidden=900 ,activation_func='tanh' ,alpha=0.9 , random_state=1 )

        Classifier_ELM.fit(train_X1, train_Y1)

        #predicting the tests set result
        y_pred = Classifier_ELM.predict(train_X1)

        #confusion matrix
        from sklearn.metrics import confusion_matrix
        cm_ELM = Classifier_ELM.score(train_X1, train_Y1)

        print( Classifier_ELM.score(train_X1, train_Y1))

        print(Classifier_ELM.score(test_X1, test_Y1))

        0.9710564399421129
        0.6233766233766234
```

Dokładność szkoleniowa ELM wynosi 97 %, a dokładność testowania 62 %.

Dokładność Wizualizacja

```
In [ ]: import matplotlib.pyplot as plt

        # x coordinates of left sides of bars
        left = [1, 2, 3, 4]

        # heights of bars
        height = [cm_DT*100,cm_RF*100,cm_GNB*100,cm_ELM*100]
        print(height)
        # labels for bars
        tick_label = ['DT', 'RF', 'GNB', 'ELM']

        # plotting a bar chart
        plt.bar(left, height, tick_label = tick_label,
                width = 0.8, color = ['red', 'yellow', 'blue','green'])

        # naming the x-axis
        plt.xlabel('x - axis')
        # naming the y-axis
        plt.ylabel('y - axis')
        # plot title
        plt.title('Accuraccy Visualization!')

        # function to show the plot
        plt.show()

        [75.0, 79.6875, 76.5625, 97.10564399421129]
```

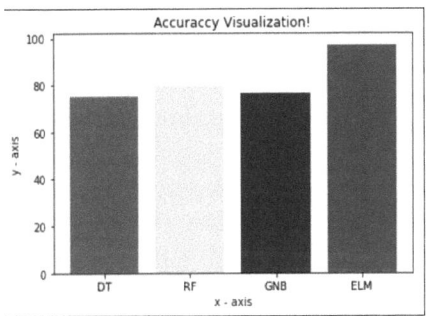

Obserwacja cukrzycy

Id	Algorytm	Dokładność w procentach
1	Drzewo decyzyjne	75%
2	Las losowy	79.6875%
3	Gaussian Naïve Bayes	76.5625%
4	Maszyna do nauki ekstremalnej	97.1056%

Referencje

1.   Jiawei Han, Micheline Kamber, Jian Pei, *Data mining concepts and techniques*, 3rd edition, morgan kaufmann publishers, USA, 2012.

2.   Peter Flach, *Machine Learning The art and science of algorithms that make sense of data*, Cambridge University press, UK, 2012.

3.   Dr. R. Nageshwara Rao, *Core Python Programming* 2nd edition, New Delhi, dreamtech press, 2019.

4.   Mustakim Al Helal, Atiqul Islam Chowdhury, Ashraful Islam, Eshtiak Ahmed, Md. Swakshar Mahmud, Sabrina Hossain, "*An Optimization Approach to Improve Classification Performance in Cancer and Diabetes Prediction*", International Conference on Electrical, Computer and Communication Engineering (ECCE), 7-9 February, 2019(Base Paper).

5.   Samrudhi Kaware, Dr. V. S. Wadne, "*A Survey on Improving the Performance of Cancer and Diabetes Detection by Using Novel Technique of Machine Learning*", Open Access International Journal of Science and Engineering (OAIJSE). ISSN: 2456-3293 (Volume 4, Issue 8).

6.   Samrudhi Kaware, Dr. V. S. Wadne, "*Enhance the Performance of Cancer and Diabetics Prediction by Techniques of Machine Learning*". ", International Journal of Engineering Development and Research (IJEDR). ISSN: 2321-9939. (Volume 8, Issue 2)

7.   Samrudhi Kaware, Dr. V. S. Wadne, "*Enhance the Performance of Cancer and Diabetics Prediction by Techniques of Machine Learning*". "International Journal of Research and Analytical Reviews (IJRAR) ISSN: 2349-5138 (Volume 7, Issue 1).

Printed by Books on Demand GmbH, Norderstedt / Germany